EDIÇÕES VIVA LIVROS

A força do poder da fé

Escritor, professor e conferencista, Joseph Murphy (1898-1981) se tornou conhecido no mundo inteiro por seus best-sellers de motivação. O autor foi um grande conhecedor das leis mentais e espirituais e permanece até hoje como fonte de inspiração para uma legião de seguidores. Seus cursos sobre o poder do subconsciente sempre atraíram muitas pessoas e sua obra continua conquistando milhares de leitores. Publicado pela primeira vez em 1956, *A força do poder da fé* destaca as leis da mente e do espírito que promovem paz, saúde e felicidade.

Joseph Murphy

A FORÇA DO PODER DA FÉ

Tradução de
VALÉRIA INEZ PREST

4ª edição

viva livros

RIO DE JANEIRO – 2023

CIP-BRASIL. CATALOGAÇÃO NA FONTE
SINDICATO NACIONAL DOS EDITORES DE LIVROS, RJ

M96f
4ª ed.

Murphy, Joseph, 1898-1981
   A força do poder da fé / Joseph Murphy; tradução de Valéria Inez Prest. – 4ª ed. – Rio de Janeiro: Viva Livros, 2023.
   12 x 18 cm

   Tradução de: Magic of Faith
   ISBN 978-85-8103-014-2

   1. Pensamento Novo. I. Título.

12-2840

CDD: 289.98
CDU: 289.98

A força do poder da fé, de autoria de Joseph Murphy.
Título número 014 da Coleção Viva Livros.
Primeira edição impressa em junho de 2012.
Texto revisado conforme o Acordo Ortográfico da Língua Portuguesa de 1990.

Título original norte-americano:
MAGIC OF FAITH

Copyright da tradução © by Edições BestBolso, um selo da Editora Best Seller Ltda.

www.vivalivros.com.br

Design de capa: Marianne Lépine.

Todos os direitos reservados. Proibida a reprodução, no todo ou em parte, sem autorização prévia por escrito da editora, sejam quais forem os meios empregados.

Todos os direitos desta edição reservados a Edições Viva Livros um selo da Editora Best Seller Ltda. Rua Argentina 171 – 20921-380 Rio de Janeiro, RJ – Tel.: 2585-2000 que se reserva a propriedade literária desta tradução.

Impresso no Brasil

ISBN 978-85-8103-014-2

Sumário

1. O cântico do triunfo 7
2. A prática da Presença de Deus 33
3. Realizando seu desejo 49
4. A força do poder da fé 68
5. Passos para a felicidade 81
6. Relacionamentos humanos harmoniosos 95
7. Como controlar as emoções 110
8. Mudando a percepção de si mesmo 126

1
O cântico do triunfo

"Dize-me, ó tu, a quem ama a minha alma: Onde apascentas o teu rebanho, onde o fazes deitar pelo meio-dia..."

"Eis que és formosa, ó meu amor, eis que és formosa; os teus olhos são como os das pombas."

"Levou-me à casa do banquete, e o seu estandarte sobre mim era o amor."

"Sua mão esquerda esteja debaixo da minha cabeça, e a sua mão direita me abrace."

"O meu amado fala e me diz: 'Levanta-te, meu amor, formosa minha, e vem'.

Porque eis que passou o inverno; a chuva cessou, e se foi.

Aparecem as flores na terra; o tempo de cantar chega, e a voz da rola ouve-se em nossa terra.

A figueira já deu os seus figos verdes; e as vides em flor exalam o seu aroma levanta-te, meu amor, formosa minha, e vem."

"O meu amado é meu, e eu sou dele; ele apascenta o seu rebanho entre os lírios.

Antes que refresque o dia, e fujam as sombras..."

(Cântico dos Cânticos 1:7, 15; 2:4, 6, 10-13, 16-17)[1]

É inconcebível que qualquer antologia seja escrita sem a inclusão do Cântico dos Cânticos, de Salomão.

É, certamente, um dos trechos mais inspiradores da Bíblia. Revela Deus como o Grande Amado. É arrebatador e emocionante.

Para alcançar uma vida de triunfo, você tem de ser guiado pelo Amor. Você pode enlouquecer na alegria de estar verdadeiramente embriagado do Espírito. Em outras palavras, cantando a Canção de Deus, você se torna inebriado de Deus e é arrebatado pelo entusiasmo Divino e, com isso, expressa cada vez mais a alegria e o amor Divinos todos os dias.

Você canta a Canção de Deus, ou se encontra no estado de ânimo do triunfo, quando sente subjetivamente que é aquilo que os cinco sentidos lhe dizem que você não é; está assim inebriado de Deus e é tomado por um frenesi Divino – um tipo de alegria arrebatadora.

De vez em quando, você vê alguém radiante de entusiasmo e embriagado de alegria, não é? Essa pessoa está cantando a Canção de Deus nesse momento. "*Há* fatura de alegrias; à tua mão direita há delícias perpetuamente" (Salmos 16:11).

Ao cantar uma canção, você expressa sua natureza como um todo. A mente e o corpo penetram na música. Sempre que seu coração se encontra pleno de amor e de boa vontade e a paz se irradia do seu ser, você está verdadeiramente entoando a Canção de Deus; esse é o cântico da alma em júbilo.

O Você verdadeiro é um ser espiritual, eterno, perfeito. É a expressão viva de Deus agora. "Eu disse: 'Vós *sois* deuses, e filhos do Altíssimo todos vós'" (Salmos 82:6).

Quando você ora, essa é uma história de amor com Deus ou com seu Bem. Ao se realizar, o desejo proporciona alegria e paz. Para concretizar o desejo do seu coração, que é descrito no Cântico dos Cânticos como seu bem-amado, você deve cortejá-lo; deixe-se cativar, abraçar e emocionar por ele. Permita que ele incendeie sua imaginação. Você sempre seguirá na direção do desejo que domina sua mente.

A maioria dos estudantes de psicologia sabe que o Cântico dos Cânticos é uma bela descrição do maravilhoso romance entre a mente consciente e a mente subconsciente (Salomão e a rainha de Sabá).

"Dize-me, ó tu, a quem ama a minha alma: Onde apascentas o teu rebanho onde o fazes deitar pelo meio-dia..." Aquele que seu coração ama é seu desejo realizado. A pergunta do autor dos versos é: onde apascentas o teu rebanho? Em outras palavras: do que você está se nutrindo mentalmente? O *rebanho* representa seus pensamentos, ideias, opiniões e crenças. Você não se deleitará com outra coisa a não ser com a alegria de ter sua prece atendida.

Se estiver dizendo a si mesmo "Não consigo. É muito tarde agora. Estou velho demais e não conheço as pessoas certas", isto é, caso esteja se alimentando mentalmente de todas as razões que o impedem de fazer algo ou de ser o que quer ser, você não está levando seu rebanho "onde o fazes deitar pelo meio-dia".

Ao meio-dia, o sol não projeta sombras; do mesmo modo, ao orar, você não permite que nenhuma sombra de medo ou dúvida cruze seu caminho nem o desvie de seu objetivo ou propósito na vida. O mundo da confusão deve ser rejeitado e você tem de se alimentar da concretização do seu desejo, mantendo a mente concentrada nisso.

"Eis que és formosa, é meu amor, eis que és formosa; os teus olhos são como os das pombas." *A pomba* é um símbolo da paz interior de Deus.

Certa ocasião, conversando com um alcoólico, ele me disse:

– Não me venha com essa história de Deus. Não quero Deus. Quero a cura.

Esse homem estava profundamente ressentido com a ex-mulher, que havia se casado novamente. Além disso, guardava rancor de muitas pessoas. Ele precisava dos *olhos das pombas*, isto é, necessitava ver a verdade que lhe daria paz de espírito. Perguntei-lhe:

– Quer rezar comigo agora? Tudo o que lhe peço é que seja sincero. Se fizer isso, você sentirá uma paz interior que está além de toda a compreensão humana. – Ele relaxou o corpo e eu continuei: – Imagine que está falando com a Presença Invisível dentro de você, o Poder Onipotente que criou o cosmos. Ele pode fazer todas as coisas. Diga: "Obrigado, obrigado por essa paz interior." Repita isso várias vezes.

Após dez minutos de meditação silenciosa, sua visão foi ofuscada por uma Luz Interior. Ela parecia vir do chão onde o homem estava. A sala ficou inundada de Luz. Ele disse:

– Tudo o que vejo é Luz! O que há de errado? – Depois, relaxou até adormecer em minha sala, e seu

rosto brilhava como o sol. Acordou cerca de 15 minutos mais tarde e completamente em paz, dizendo:
– Deus existe de verdade! Deus existe!

Esse homem encontrou sua Bem-amada; tinha *olhos como os das pombas.*

À noite, antes de adormecer, diga ao seu desejo quanto ele está distante e quão maravilhoso você se sentiria ao realizá-lo. Comece a se apaixonar por seu objetivo. Elogie-o, exalte-o. "Levanta-te, meu amor!" Sinta que você é o que deseja ser. Vá dormir com a consciência de ser ou de estar fazendo o que você almeja.

Certa vez, orientei um homem a "dormir" com a ideia do sucesso. Ele vendia assinaturas de revistas e tornou-se muito bem-sucedido adotando minha recomendação. Sugeri que, antes de adormecer, ele pensasse no sucesso, isto é, no que o sucesso significava para ele, no que faria se o alcançasse. Orientei-o a usar a imaginação e, depois, quando estivesse prestes a pegar no sono, se apaixonasse pela ideia do êxito desta maneira: repetindo a palavra "Sucesso" diversas vezes. Ele deveria entrar no estado de espírito do triunfo e, em seguida, adormecer nos braços do Amado Eterno. Nosso Amado – a Presença de

Deus – realizará qualquer coisa que aceitemos como verdadeira. As condições, as experiências e os eventos da nossa vida são chamados de crianças da mente.

"Levou-me à casa do banquete, e o seu estandarte sobre mim era o amor." O *casa do banquete* é sua própria mente, onde você nutre a ideia ou o desejo de seu coração.

Vou contar uma história que ilustra como é alimentar ideias na casa do banquete da mente. Uma jovem com talento especial para o canto estava encontrando extrema dificuldade em conseguir trabalho no cinema, na televisão e no rádio. Ela fora preterida tantas vezes que já estava com medo de desenvolver um complexo de rejeição. Certa vez, ouviu-me declarar em um programa de rádio que uma pessoa pode realizar qualquer coisa que sua mente imagine e sinta como possível. A moça anotou essa afirmação, inscreveu-se em um dos meus cursos e começou a praticar o ato de entrar na *casa do banquete*, o que fazia silenciando as engrenagens da mente e relaxando o corpo apenas conversando com ele e dizendo-lhe que se liberasse da tensão; e ele obedecia, como tinha de ser. Nesse estado de serenidade, relaxamento e paz, com a atenção completamente concentrada em um contrato de cinema imaginário nas mãos, ela sentia a realidade da alegria e a maravilha de tudo aquilo. A jovem estava agora na *casa do banquete*, e o estandarte erguido sobre ela era o amor. O *amor* é um vínculo emocional. Ela se encontrava mentalmente ligada ao contrato de forma absoluta. "Deus, o qual vivifica os mortos, e chama as coisas que não são como se já fossem" (Romanos 4:17). O mundo visível surge do invisível. Ela fez com que o contrato se tornasse real mantendo-se emocionalmente unida à figura imaginária de um contrato em sua mente, isto é, em sua *casa do banquete*. A moça sabia que aquilo que imaginasse e em que acreditasse aconteceria no mundo tridimensional.

"Sua mão esquerda esteja debaixo da minha cabeça, e a sua mão direita me abrace." A *mão esquerda* é seu sentimento profundo, subjetivo, enquanto a *mão direita* é sua imaginação disciplinada. À medida que você começa a imaginar e a sentir a realidade do desejo, está juntando as duas mãos em um abraço Divino; em seguida, acontece a união da ideia e do sentimento. Outra maneira de dizer isso é: há um acordo entre as mentes consciente e subconsciente que significa o atendimento da prece.

Sabemos que, quando não há mais conflito nem dúvida em nossas mentes consciente e subconsciente, a prece é atendida, pois ambas estão de acordo em relação a ela, e assim é.

"O meu amado fala e me diz: 'Levanta-te, meu amor, formosa minha, vem.'" Não é isso que seu objetivo, meta, ambição ou desejo está dizendo a você? Por exemplo, a ideia da saúde perfeita está agora lhe acenando e dizendo: "Levanta-te e deixa a crença na doença, na limitação, no sofrimento e nas dores e vem para a saúde, a harmonia e a paz de espírito."

Conversei longamente com um homem na Inglaterra que tinha um problema nas pernas. Ficara confinado em sua casa por nove meses e não conseguia mais se apoiar nem andar. Minha primeira atitude foi perguntar-lhe o que ele faria caso se curasse. Ele disse: "Voltaria a jogar polo e golfe, a nadar e a escalar os Alpes, algo que eu costumava fazer todo ano." Essa era a resposta que eu queria ouvir.

Disse-lhe da maneira mais simples como voltar a usar as pernas de forma perfeita. Como primeiro passo, ele deveria se sentir fazendo aquelas coisas. Criei um quadro imaginário para ele. Por 15 ou vinte minutos, três vezes por dia, ele se sentava em seu escritório e se imaginava jogando polo – e assumia o estado mental de quem está verdadeiramente fazendo o papel de um jogador de polo. Tornava-se um ator, e um ator vive o papel.

Repare que esse homem não se via jogando polo, o que seria uma ilusão. Ele *se sentia* jogando polo. E concretizava isso vivendo a experiência em sua mente, ou em sua *casa do banquete.*

Ao meio-dia, sossegava a mente, aquietava o corpo e sentia-se com o equipamento de alpinismo. Sentia-se e imaginava-se escalando os Alpes. Sentia o ar frio batendo no rosto e ouvia as vozes dos companheiros. Ele vivia aquela experiência e sentia o caráter real e a tangibilidade das rochas.

À noite, antes de dormir, antes de cair nos Braços de sua Bem-amada – Seu *Self* (si mesmo) Mais Profundo –, ele disputava uma partida de golfe. Segurava o taco, tocava a bola com a mão, posicionava-a e golpeava-a com força, iniciando o jogo. Balançava os tacos e se maravilhava observando a trajetória da bola. Quando fazia uma boa partida, adormecia sentindo-se muito satisfeito e feliz com a experiência.

Dois meses depois, suas pernas estavam curadas. Ele fez todas as coisas que imaginara fazer. A *ideia* de escalar os Alpes e o *desejo* de jogar polo disseram-lhe que abandonasse a crença em uma deficiência física, "Levanta-te, meu amor, formosa minha, e vem". E foi o que ele fez.

A lei do subconsciente é a compulsão. Quando sentimos subjetivamente que estamos nadando – por exemplo, quando sentimos a frieza da água e a naturalidade de nossas braçadas –, somos compelidos, mais cedo ou mais tarde, a nadar. Independentemente da deficiência, seja medo, seja um problema físico, faremos aquilo que subjetivamente sentíamos que estávamos fazendo.

Seu desejo, sonho, ambição ou objetivo é seu salvador! Ele caminha pelo corredor de sua mente, dizendo-lhe "Levanta-te, meu amor, formosa minha, e vem" e aproveita as coisas boas e gloriosas da vida.

Não importa qual seja o problema nem sua magnitude, você não tem nada a fazer exceto convencer-se da verdade que está afirmando. Assim que estiver convicto da realidade do seu desejo, os resultados surgirão automaticamente. A mente subconsciente reproduzirá com toda a fidelidade aquilo com que você a impregnou.

A Bíblia diz: "Escolhei hoje a quem sirvais" (Josué 24:15). Você tem a liberdade de escolher o tom, o sentimento ou a disposição de ânimo que deseja adotar. A manifestação de seu sentimento ou convicção é o segredo do seu amado, isto é, da mente subconsciente. As ações exteriores são, portanto, determinadas pelas crenças e impressões subconscientes.

Seu pensamento e sentimento determinam seu destino. O conhecimento da verdade está dizendo a você agora: "Porque eis que passou o inverno; a chuva cessou, e se foi." O *inverno* representa a friagem sob a qual as sementes ficam congeladas no seio da terra e nada cresce. O inverno e todas as estações estão em sua mente.

Será que seus desejos, sonhos, visões e objetivos de vida estão congelados dentro de você por causa do medo, da preocupação ou de crenças falsas? Você pode ressuscitá-los agora se desviando das aparências, entrando na *casa do banquete* de Deus em seu íntimo e dizendo a si mesmo: "Posso ser o que quero ser. Tudo o que preciso fazer é incutir na minha mente subconsciente meu desejo por saúde, riqueza, companheirismo ou por meu verdadeiro lugar na vida, e ela expressará esse estado que nela incuti."

Agora, o *inverno* acabou para você, e a chuva também se foi. Sua mente pode ter estado inundada de pensamentos negativos, causando desânimo, abatimento e melancolia. É esse o resultado de uma enchente ou avalanche de pensamentos negativos, crenças falsas e opiniões erradas. Você já sabe que tudo o que tem a fazer é ocupar a mente com as verdades de Deus, que lhe chegam de tempos imemoriais. Agindo assim, impedirá a entrada de qualquer outra coisa diferente delas.

O *inverno e as enchentes* se acabam quando ocupamos a mente, de forma regular e sistemática, com os conceitos de paz, felicidade, amor e boa vontade. Você pode fazer isso lendo um dos Salmos, como o 22 ou o 90, e sentindo a verdade de tudo o que estiver dizendo. Pode também ler em voz alta uma boa meditação das verdades reais de Deus. Enquanto as lemos, essas verdades penetram por nossos olhos e ouvidos; elas liberam uma tremenda vibração terapêutica que percorre toda a mente e todo o corpo. Essas vibrações calmantes e curativas destroem, neutralizam e apagam os pensamentos negativos, temerosos e doentes que causam todos os problemas em nossa vida, e assim sua materialização desaparece. Isso é orar – pratique com frequência até que se torne um hábito. Orar também deve ser um hábito.

Faça tudo do ponto de vista do Deus Único e Seu Amor. Por exemplo, quando for fazer compras, ore antes. Diga: "Deus, guiai-me em todas as minhas compras." Afirme em voz baixa diante do vendedor: "Deus o está tornando uma pessoa próspera."

Seja o que for que você faça, aja com amor e boa vontade. Transmita amor, paz e boa vontade a tudo. Afirme com frequência que o Amor de Deus e a Beleza Transcendente fluem por todos os seus pensamentos, atos e palavras. Torne isso um hábito. Ocupe a mente com as verdades eternas, e verá que "Aparecem as flores na terra; o tempo de cantar chega". Você começará a *florescer*; sim, começará a desabrochar.

A *terra* significa o corpo, o ambiente, a vida social e tudo que for necessário a esse plano objetivo.

As *flores* que você vê serão o nascimento de Deus em sua mente. As *flores* da orientação de Deus zelarão por você e o levarão a verdes prados e a águas refrescantes. As flores do Amor de Deus encherão seu coração. Agora, quando você vir discórdia onde quer que seja, verá o Amor de Deus operando em toda a Sua Criação. Assim que compreender que se trata Dele, verá o amor se revelar no outro e nele também verá flores.

Quando você for a uma casa e ali encontrar confusão, briga e conflito, compreenderá em seu íntimo que a paz de Deus reina suprema na mente e no coração de todos naquele lar. Você verá a flor da paz se expressar e se manifestar.

Onde vir limitação e dificuldade financeira, perceberá a abundância e a riqueza de Deus fluindo eternamente, enchendo os recipientes vazios e deixando um excedente Divino. Fazendo isso, você viverá no jardim de Deus, onde nascem somente orquídeas e belas flores, pois em sua mente circulam apenas as ideias de Deus.

Todas as noites antes de dormir, você se vestirá com as roupas do amor, da paz e da alegria. A partir de agora, sempre dormirá sentindo que já é o que deseja ser. Seu último pensamento enquanto você adormece fica gravado na mente mais profunda, e você deve ressuscitá-lo. Leve sempre à *casa do banquete* de seu Amado um conceito de si mesmo que seja nobre, parecido com o de Cristo. Seu Amado lhe concederá sempre aquilo em que você acredita e imagina ser real. Seja o que for que você imagine, seu Amado pode fazer com que seja concebido. O Amor dá vida a todas as coisas. Seus amanhãs são determinados pelo conceito que você tem de si mesmo enquanto adormece nos braços de seu Amado (seu ideal).

O tempo das canções dos pássaros volta quando você para de cantar aquela velha canção da carência. Você já ouviu pessoas entoando esse tipo de melodia. É como um disco antigo: "Estou tão sozinho, as coisas nunca acontecem para mim. Jamais tenho chance. Fui tratado cruelmente." Ou, então, "Fui operado três vezes", "Você nem sabe quanto dinheiro perdi". Isso mesmo. Depois, elas falam sobre o medo da solidão, de suas preferências e aversões, de coisas que são motivos frequentes de reclamação e daquilo que odeiam. Impregnado do Amor de Deus, você não cantará mais essa canção. Entoará um novo cântico, pois Suas ideias e verdades (pássaros) cantarão dentro de você.

Depois, você *falará em um novo idioma*, isto é, de um modo que expressará paz, alegria, boa vontade e amor. Não reagirá mais às pessoas e às situações como costumava fazer. A Canção de Deus já está sendo ouvida. Agora, quando alguém lhe disser algo mau ou sórdido, você transformará isso imediatamente por compreender que sua alma está repleta da paz de Deus. Essas palavras serão consumidas com o fogo de pensamentos corretos; os pássaros cantarão de verdade em sua mente e em seu coração enquanto você fizer isso. Você está feliz, está transbordando de entusiasmo e aguardando avidamente, com uma expectativa alegre, por todas as coisas boas. Aonde quer que vá, leva a paz com você, e todos aqueles que entram em sua órbita são abençoados por seu brilho interior. Você começa a ver sermões nas pedras, idiomas nas árvores, canções em riachos e Deus em tudo. *A voz da rola* é agora ouvida em sua terra!

Tennyson[2] disse: "Fala com Ele, pois Ele ouve, espírito e espírito devem se encontrar; Ele está mais próximo do que a respiração e mais perto do que os pés e as mãos."[3]

A voz da rola é a voz da paz, da intuição e da orientação interior de Deus. Você pode ouvi-la escutando-a com humildade. Por exemplo, quando garoto, certa vez me perdi em um bosque. Sentei-me sob uma árvore e lembrei-me de uma prece que começava assim: "Nosso Pai, Ele nos mostrará o caminho. Vamos ficar quietos e Ele nos guiará." Repeti em voz baixa: "Pai, guie-nos."

Fui tomado por uma onda de paz da qual ainda me recordo. *A voz da rola* tornou-se real. Essa voz é a intuição, o que significa ser orientado por nosso próprio interior. Levado por um sentimento irresistível, segui em determinada direção como se estivesse sendo empurrado para a frente. Apenas dois dos garotos me acompanharam. Fomos conduzidos para fora daquela densa floresta como que por uma Mão Invisível.

Grandes músicos ouviram a canção interior e escreveram o que escutaram interiormente. Na meditação, Lincoln escutou o princípio da liberdade; Mozart ouviu o princípio da harmonia.

Se você estiver profundamente interessado nos princípios da matemática, está amando esse assunto; uma vez que o ama, ele lhe revelará seus segredos.

Jesus ouviu *a voz da rola* quando disse: "Deixo-vos a paz, a minha paz vos dou; não vo-la dou como o mundo a dá. Não se turbe o vosso coração, nem se atemorize!" (João 14:27). Quão maravilhosamente bem você se sente enquanto sorve essas palavras e enche a mente com seu potencial terapêutico.

Jó ouviu *a voz da rola* quando disse: "Apega-te, pois, a Deus e tem paz, e assim te sobreviverá o bem" (Jó 22:21). "Tu conservarás em paz *aquele* cuja mente está firme *em ti*; porque ele confia em ti" (Isaías 26:3). "Porque Deus *não é* Deus de confusão, senão de paz, como em todas as igrejas dos santos" (1 Coríntios 14:33).

Você pode ouvir *a voz da rola* ligando-se à Inteligência Infinita que existe em seu íntimo, dizendo: "Pai, o que eu quero é isto..." Diga, então, de forma clara e específica aquilo que você deseja. Agora, você está entregando seu desejo à Sabedoria Divina que existe em seu interior, Aquela que tudo sabe, tudo vê e tem o *know-how* para realizar as coisas. Você sempre sabe se entregou ou não seu desejo. Se estiver em paz em relação a ele, é porque fez isso. Caso esteja preocupado e ansioso, é porque não se identificou com sua prece – não confia inteiramente na Sabedoria Divina que existe dentro de você.

Se precisar de orientação, clame pela Inteligência Infinita para guiá-lo. Ela se diferenciará como a ação correta. Você saberá que recebeu a resposta, pois *a pomba da paz* sussurrará em seu ouvido: "Paz, aquieta-te." Você identificará a resposta Divina, pois estará em paz, e sua decisão será acertada.

Certa ocasião, uma moça estava pensando se deveria aceitar um trabalho em Nova York por um salário consideravelmente mais alto ou permanecer em seu emprego em Los Angeles. À noite, antes de dormir, ela se fez a seguinte pergunta: "Qual seria minha reação agora se eu tivesse feito a escolha certa?" A resposta lhe ocorreu: "Eu me sentiria maravilhosa. Feliz por ter tomado a decisão correta." Depois afirmou: "Vou agir como se tivesse feito a escolha certa." E começou a dizer repetidamente "Isso é maravilhoso! Isso é maravilhoso!", como se fosse uma canção de ninar, e foi se embalando até adormecer com o sentimento "Isso é maravilhoso!".

Naquela noite, ela teve um sonho em que uma voz lhe dizia: "Fique onde está. Fique onde está." A jovem acordou imediatamente e compreendeu, é claro, que aquela era *a voz da rola* – a voz da intuição.

O ser quadridimensional em nosso interior tem a capacidade de ver adiante. Ele tudo sabe, tudo vê e conseguiu ler a mente dos proprietários da empresa em Nova York. A moça permaneceu no emprego em que estava. Eventos subsequentes provaram que sua Voz Interior estava certa, pois aquela empresa foi à falência. "Se entre vós houver profeta, eu, o senhor em visão a ele me farei conhecer, ou em sonhos falarei com ele" (Números 12:6).

"O meu amado *é* meu e *eu* sou dele; ele apascenta o seu rebanho entre os lírios." *Os lírios* representam as papoulas que crescem no Oriente. Ver um campo de papoulas balançando na brisa é um belo espetáculo. Nesse trecho, o inspirado redator do texto bíblico está nos incentivando a ter uma história de amor com Deus. Quando nos voltamos para a Presença de Deus, Ela se volta para nós. Vivemos a experiência do casamento místico, a felicidade conjugal, quando nos apaixonamos loucamente pela verdade por amor à verdade. Em seguida, tornamo-nos plenos do vinho novo, da nova interpretação da vida.

Os lírios simbolizam beleza, ordem, simetria e proporção. Enquanto nos alimentamos, ou nos apascentamos, na grande verdade de que Deus é Beleza Indescritível, Amor Ilimitado, Felicidade Absoluta, Harmonia Absoluta e Paz Infinita, estamos realmente *nos apascentando entre os lírios*. Quando afirmamos que a verdade de Deus é a nossa verdade, milagres acontecem em nossa vida.

Ao perceber e saber que esses atributos e qualidades de Deus estão se manifestando por seu intermédio e que você é um canal para o Divino, cada átomo em seu ser começa a dançar no ritmo do Deus Eterno. Beleza, ordem, harmonia e paz aparecem em sua mente, em seu corpo e no mundo dos negócios enquanto você se alimenta entre os lírios. Você sente sua unificação com Deus, com a Vida e com as Riquezas Infinitas de Deus. Você está casado com seu

Bem-amado, pois agora está casado com Deus; você é uma noiva do Senhor (EU SOU). Desse momento em diante, vai gerar filhos de seu Bem-amado, e eles terão a imagem e semelhança de seu Pai e de sua Mãe.

O *pai* é a ideia de Deus, enquanto a *mãe* é o ato de dar um caráter emocional a essa ideia e incorporá-la subjetivamente. Dessa união de ideia e sentimento têm origem saúde, abundância, felicidade e paz interior.

Sente-se e alimente-se entre os lírios com o entendimento de que, todas as noites do ano quando vai dormir, você fica diante do Rei dos Reis, do Senhor dos Senhores, do Príncipe da Paz. Assegure-se de estar vestido da forma apropriada ao se colocar em Sua Presença Sagrada. Se fosse se encontrar com o presidente do país, você usaria suas melhores roupas. O traje que você veste quando entra no paraíso de sua própria mente todas as noites representa o humor, ou o tom, que está usando. Faça com que seja sempre o traje de casamento de amor, paz e boa vontade para todos.

Esteja absolutamente seguro de que pode dizer: "Como és formosa." Não deve haver ressentimento, má vontade, condenação de si mesmo nem de outros e nenhuma crítica a qualquer pessoa. O coração tem de estar realmente pleno do Amor Divino por todos os seres humanos em toda parte. Você deve desejar sinceramente a todos aquilo que deseja para si mesmo. Em seguida, poderá dizer a seu estado de ânimo ou sentimento: "Como és formoso." "E, quando estiverdes orando, perdoai, se tendes alguma coisa contra alguém" (Marcos 11:25).

"O meu amado é meu." Tudo aquilo que Deus é lhe pertence, pois Deus está dentro de você. Tudo que você possa desejar já é seu. Você não necessita de nenhuma ajuda exterior para se *apascentar entre os lírios*.

Antes de dormir hoje à noite, perdoe todas as pessoas e imagine e sinta que seu desejo foi atendido. Torne-se absolutamente indiferente a qualquer pensamento de fracasso, pois você conhece a lei. Ao aceitar o fim, você determina, como Troward[4] afirmou belamente, os meios para sua realização. Quando estiver prestes a adormecer, deixe-se arrebatar pelo sentimento de ser ou ter seu desejo realizado. Sua aceitação mental ou seu sentimento na hora de dormir é a solicitação que você faz ao seu Bem-amado.

Depois, ele olha para seu pedido (convicto na mente subconsciente) e, por ser o Amado Absoluto, deve conceder-lhe o que você está solicitando.

"Você apascenta o seu rebanho entre os lírios". As *sombras* são o medo, a dúvida, a preocupação, a ansiedade e todos os motivos pelos quais não conseguimos fazer algo. As *sombras* dos cinco sentidos e a crença racial (o trabalho da mente racional) pairam sobre a mente de todos nós enquanto rezamos.

Ao orar, aceite como verdade aquilo que a razão e os cinco sentidos negam e rejeitam. Permaneça fiel à sua ideia, mantendo-se pleno de fé a cada passo do caminho. Quando sua consciência estiver inteiramente qualificada com a aceitação do desejo, todo o medo desaparecerá. Acredite na realidade de seu ideal ou desejo até que você esteja completamente tomado pelo sentimento de que é ele; então, a *brisa do dia surgirá e todas as sombras irão embora*. Sim, a resposta à sua prece virá e iluminará o céu de sua mente, concedendo-lhe paz.

Não importa qual seja o problema, não importa quão graves, sombrias ou irremediáveis as coisas pareçam ser, volte-se para Deus e pergunte: "Como é estar em Deus e no Céu?" A resposta se infiltrará suavemente por sua mente como o orvalho do paraíso. "Tudo é paz, alegria, contentamento, perfeição, totalidade, harmonia e beleza." Em seguida, rejeite as evidências dos sentidos e *alimente-se entre os lírios de Deus e do Céu*, como a paz, a harmonia, a alegria e a perfeição. Entenda que o que é verdadeiro para Deus deve ser verdadeiro para você e para aquilo que o cerca. Persevere nessa verdade constante e na fé em Deus "antes que sopre a brisa do dia, e se estendam as sombras..."

2
A prática da Presença de Deus

> *"Para onde me irei do teu espírito, ou para onde fugirei da tua face?*
> *Se subir ao céu, lá tu estás (...)"*
> *"Se tomar as asas da alva, se habitar nas extremidades do mar,*
> *Até ali a tua mão me guiará e a tua destra me susterá."*
>
> (Salmos 139:7-10)

Esse é o Salmo 139, um dos mais belos da Bíblia. É uma joia incomparável e inestimável da verdade. A beleza e a elegância de sua linguagem são inigualáveis. O maravilhoso conceito que Davi tem da Onipresença de Deus encontra-se nessa passagem.

A religião delineada na Bíblia é a prática da Presença de Deus. Você perceberá que entender e praticar inteligentemente essa verdade é o caminho para a saúde, a harmonia, a paz e o progresso espiritual. A prática da Presença tem um poder que está além da imaginação. Não deixemos que, por sua profunda simplicidade, ela passe despercebida.

O primeiro passo é compreender que Deus é o Poder Único. O segundo passo é ter consciência de que tudo – não importa o que seja – representa uma manifestação de Deus. O mundo inteiro é Deus em uma diferenciação infinita, uma vez que Ele nunca se repete; essa é a história completa e a maior das verdades. É realmente a verdade universal, a que abrange tudo.

Conheço muitos alunos que meditam por cinco ou dez minutos todos os dias sobre o fato de que Deus é a Presença Única e o Poder Único. Eles deixam a mente se deter nessa verdade profunda, olham para ela de ângulos diversos. Depois, começam a pensar que cada pessoa que encontram é uma expressão de Deus, que tudo o que veem é Deus manifestado, é Deus representando a Si mesmo pela alegria de expressar-Se. Ao fazerem isso, percebem que todo o seu mundo se altera – tornam-se mais saudáveis, as condições exteriores de sua vida se aprimoram e eles são tomados por uma nova vitalidade e energia.

Todo o seu mundo mudará quando você começar realmente a ver Deus em todas as coisas e pessoas. "Porque até com as pedras do campo terás o teu acordo, e as feras do campo estarão em paz contigo. E saberás que a tua tenda está em paz" (Jó 5:23-24). Isso significa que a pessoa que passe a ver Deus em toda parte e que siga e pratique o bem não sentirá medo de nada. Na verdade, o mundo inteiro será seu amigo, e algo sempre lhe estenderá uma oferta de ajuda, sejam coisas animadas, seja aquilo que o mundo chama de inanimado.

A única maneira de exaltar a Presença de Deus diante das outras pessoas é transmitir a cada instante a luz solar do Seu Amor. Amando Deus, ou a verdade, você terá uma compulsão Divina pelo bem. Não há como errar. Você verá que nunca cometerá um erro real nem fará uma escolha equivocada. O amor pelas coisas do bem, ou pela verdade, é o autêntico toque de Midas.

Em um prédio, a superestrutura depende da fundação. Deixe que Deus e apenas Ele seja *sua* fundação. Praticamos a Presença de Deus sempre que ativamos a mente com ideias verdadeiras que curam e fortalecem. A mente precisa de purificação, disciplina e direcionamento constantes. Praticando a Presença de Deus, nós a purificamos continuamente, e isso é rezar.

Ao longo do dia, pense do ponto de vista do Deus único em todas as pessoas e situações que encontrar. Ore no trabalho com o entendimento de que Deus é seu parceiro e de que Ele está agindo por meio de todos os seus colegas.

Ore enquanto dirige sabendo que o veículo é uma ideia de Deus se deslocando de um ponto a outro de forma livre, alegre e amorosa.

Ore quando for a uma loja com a compreensão de que Deus guia suas compras, que Ele está favorecendo o vendedor que o está atendendo e que a loja está sendo administrada e dirigida por Sua Sabedoria.

Deixe que a oração seja o caminho regular e certo de fazer as coisas. Pratique a Regra de Ouro em todas as transações e, desse modo, você estará escrevendo a Lei de Deus no coração.

É essencial que você assimile o conceito e o entendimento correto de Deus. Você meditou sobre Deus? Ou se perguntou o que é Deus? Nosso conceito sobre Ele molda, ajusta e formula nosso futuro. A crença verdadeira Nele é de suprema importância. Ela se forma em nós à medida que acreditamos. Se você afirmar e acreditar que Deus é a única Presença, o único Poder, o Bem Infinito, a Perfeição, o Amor Ilimitado e a Vida Sem Fim, toda a sua vida será transformada.

Se você disser "Ah, não sei o que penso de Deus. Meus pensamentos são confusos e atrapalhados", a desorganização reinará em sua vida. Na verdade, não importa o nome que você dá a Deus – Realidade, Inteligência Infinita, Ser, Vida, Alá ou Brahma –, Seu nome verdadeiro, no que lhe diz respeito, é o conceito ou a crença que você tem Dele.

Certa vez, um homem me disse:

– Creio em Deus, e isso é tudo o que importa.

Perguntei-lhe, então, em que tipo de Deus ele acreditava. Ele respondeu:

– Creio nas leis da natureza.

Aquela era sua ideia de Deus, e ele não conseguia transcender essa crença. Estava subjugado por ela, limitando, portanto, seus Poderes Interiores. Não tinha a menor ideia de que Deus era sua própria Vida, de que podia entrar em contato com essa Presença por meio do pensamento, de que podia ser guiado por ela e de que podia curar seu corpo com a oração. Ele estava confinado por sua crença restrita em relação a

Deus. Muitas pessoas já me disseram que Deus é um tipo de homem dos céus – uma espécie de homem glorificado. Outros dizem e acreditam que há três pessoas em Deus. Você sempre expressará o resultado de sua crença. Se acredita que Ele é um ser tirânico e insondável que vive nos céus, pronto para julgá-lo e puni-lo por seus erros e violações das leis dos homens e dos tabus religiosos, você está limitado por essa crença e causa dor, infelicidade, complexo de culpa, e assim por diante. Por isso, Quimby[1] disse: "O homem é, em forma concreta, aquilo em que acredita."[2]

O conceito que você tem de Deus penetra em todas as áreas de sua vida e, com certeza, tem seus efeitos sobre você. Deus é Vida, e a Vida busca expressar-Se como Amor, Luz, Verdade e Beleza. Ela não pode desejar morte nem doença. Dizer que a Vida quer a morte seria uma violação de sua própria natureza. A Vida não pode ter uma inclinação para nenhum tipo de limitação. A Vida é uma Unicidade, uma Totalidade, uma Unidade, e Ela procura manifestar essa Unidade no universo criado.

Para praticar a Presença, faça a vontade de Deus. O que significa isso? *A vontade de Deus* deve ser sempre Sua natureza. Esteja certo de que Sua vontade é sempre algo maravilhoso e glorioso. "E se chamará o seu nome! Deus Forte, Pai Eterno, Príncipe da Paz" (Isaías 9:6).

Se seu desejo, ideia ou intenção é algo construtivo, se abençoa outras pessoas e está de acordo com o princípio universal da harmonia, então ele é a vontade de Deus. O desejo por riqueza, por seu verdadeiro lugar na vida, por abundância, segurança e melhores condições de vida obedece à vontade ou à tendência da Vida, ou Deus.

A Vida está sempre buscando expressar-Se por nosso intermédio em níveis mais altos. Entronize na mente que Deus é a Presença Única, o Poder Único e que é Infinitivamente Bom e Perfeito. Pense em algumas de Suas qualidades e atributos, como Amor Ilimitado, Inteligência Infinita, Beleza Indescritível, Onipotência, Onisciência e Onipresença. Creia nessas verdades sobre Deus e sua vida mudará inteiramente. Você começará a expressar cada vez mais, todos os dias, qualidades parecidas com as Dele. Acredite que Deus é Toda Vida, Todo Amor, Toda Verdade e Toda Beleza. Aceite Isso do mesmo modo como admite a presença do sol no céu a cada manhã; depois, uma grande sensação de paz e boa vontade tomará sua mente e seu coração.

Você crê em uma Deidade vingativa, inconstante e antropomórfica que lhe envia doenças, julgamentos e atribulações? Observe o efeito de tal crença. Se fizer isso, você será como o homem que me disse certa vez: "Deus me mandou esta artrite por um bom motivo, e suponho que devo suportá-la." Isso é superstição. Esse tipo de atitude mental não tem fundamento. Ele sofria de artrite havia 15 anos e não conseguia ficar bom.

Quando esse homem adquiriu um novo conceito de Deus e aprendeu a perdoar aqueles de quem se ressentia profundamente, por entender que o Amor de Deus estava dissolvendo em sua mente e em seu corpo tudo aquilo que era diverso Dele, ele se curou, embora isso tenha levado alguns meses. O novo conceito de Deus funcionou e manifestou-Se em seu corpo de acordo com sua crença.

Não é a crença teórica em relação a Deus que se manifesta, e sim a crença real e profunda e subconsciente.

Há pessoas que se esquecem de praticar a Presença quando uma ação judicial ou um veredicto se estabelece contra elas. Se um juiz proferir uma sentença que parece injusta a você, continue a crer que isso é Deus em ação e que existe uma solução harmoniosa e Divina para todos os envolvidos; a resposta surgirá no momento apropriado. Você não tem como perder, só tem a ganhar praticando a Presença.

Se você crê que Deus é um homem nos céus, deverá experimentar os efeitos de tal concepção. Consequentemente, enfrentará confusão e problemas – seria como ter um ser humano, com todos os seus caprichos, governando o mundo.

Deus é o Espírito Puro, a Mente Infinita e a Inteligência Infinita. A Bíblia invoca o Nome de Deus "EU SOU", com o significado de Ser Puro, Absoluto. Ninguém pode, é claro, definir Deus, pois Ele é Infinito. Mas existem determinadas Verdades que iluminados de todas as épocas perceberam como concernentes a Deus, e é por isso que a Bíblia diz "EU SOU O QUE SOU" (Êxodo 3:14). O que é "EU SOU"? É seu Ser Verdadeiro – seu *Self* Real, pois ninguém pode dizer "EU SOU" por você. Essa é a Presença de Deus em você e sua Identidade Verdadeira. O que quer que você acrescente depois de "EU SOU" e acredite nisso você será. Afirme sempre: "Sou forte, poderoso, radiante, feliz, alegre, iluminado e inspirado." Dessa forma, estará praticando genuinamente a Presença, pois todas essas qualidades são verdadeiras em Deus.

Quando você diz "Sou fraco", "Sou inferior", "Não sou nada bom", está negando Deus dentro de você e mentindo sobre Ele.

O Irmão Lourenço da Ressurreição, que viveu no século XVII, foi um monge santo e inteiramente devotado a Deus. O livro *A experiência mística de Lourenço da Ressurreição*[3] revela sua grande humildade, simplicidade e seu contato místico com Deus. "Fazer a vontade de Deus era", como ele disse, "toda a sua ocupação." O Irmão Lourenço praticava a Presença quando lavava pratos ou esfregava o chão. Em seu entendimento, tudo isso era trabalho de Deus. Sua consciência e percepção da Presença Divina era sempre a mesma, estivesse ele ocupado na cozinha ou oficiando no altar. Para o Irmão Lourenço, o caminho até Deus passava pelo coração e pelo Amor. Seus superiores se maravilhavam diante de um homem que, embora soubesse apenas ler e escrever, era capaz de expressar-se com grande beleza e profunda sabedoria. Era a voz de Deus em seu íntimo que inspirava suas palavras.

Era desse modo que o monge praticava diariamente a Presença Sagrada de Deus. Na verdade, ele disse: "Coloco-me em tua Presença. É teu trabalho o que faço, e assim tudo vai correr bem." Que belas palavras! Como uma prece pode ser tão simples, porém tão comovente! Ele disse que a única tristeza que poderia sentir seria a perda da percepção da Presença de Deus, mas nunca temera isso, pois era inteiramente consciente do Amor de Deus e da Bondade Absoluta.

No início da vida, o Irmão Lourenço teve medo de ser amaldiçoado, e essa tortura mental persistiu por quatro anos. Depois, viu que a causa de sua negatividade era a falta de fé em Deus. Compreendendo isso, libertou-se e ingressou em uma vida de alegria permanente.

Estivesse ele cozinhando, assando um alimento ou lavando panelas na cozinha, o Irmão Lourenço disciplinava-se a fazer uma pausa, ainda que por um instante, para pensar em Deus no centro de seu ser, para estar consciente de Sua Presença e manter um encontro particular com Ele. Em virtude de sua iluminação interior, quando esse monge se deleitava com os êxtases do Espírito, ele emergia em um reino de paz profunda.

Comece agora a praticar a Presença mantendo os olhos em Deus, ou nas coisas Boas, vendo-O em todas as pessoas que você encontrar e afirmando constantemente: "Deus está em ação em todas as áreas da minha vida." Serenamente, confie na Presença Sagrada de Deus para guiá-lo a verdes prados e a águas refrescantes. Ame a Verdade com um amor que não deixe espaço para preocupação nem dúvida. Seja qual for seu trabalho, enquanto se encaminha para ele, diga: "Deus me conduz e fala dentro de mim. Confio completamente em Sua orientação e sabedoria." Agradeça pelo dia perfeito. Faça como o Irmão Lourenço sugere: sempre que sua atenção se dispersar por causa de medo ou dúvida, traga-a de volta para a contemplação de Sua Presença Sagrada.

Para conhecer e garantir uma vida de paz e alegria, discipline-se a ter uma conversa íntima, amorosa, familiar e humilde com Deus durante todo o dia. Desse modo, você se abastecerá abundantemente da graça Divina. Tornar-se-á iluminado por uma Luz Interior e contemplará a visão interior de Deus, seu Amado.

Relatos de casos

Caso 1

Este caso interessante, que faz parte dos meus arquivos, pode abençoar um grande número de leitores. Um homem investiu muito dinheiro em determinada empresa. Ele tinha profunda consideração pelos dois homens que eram sócios efetivos no negócio. Os dois, porém, apropriaram-se do dinheiro que ele lhes dera e pouco depois pediram falência. O homem estava muito amargurado e ressentido, pois havia posto praticamente as economias de toda a sua vida naquele empreendimento. Estava também doente em consequência do ódio em seu coração.

Expliquei-lhe que o ressentimento nunca é justificado e que muitas pessoas investem em terras, títulos, ações e em outras coisas e perdem dinheiro, mas que é absurdo culpar o corretor ou o administrador pelo erro de avaliação que elas cometeram. Em grande parte, o ressentimento daquele homem era decorrente de um sentimento de culpa por seu próprio engano – algo que ele recusava-se a admitir. Movido pelo rancor decorrente de sua falha e de seu fracasso, ele culpava os dois sócios. Enfrentou isso por meio da oração, praticando Sua Presença da seguinte maneira: "Agora irradio amor e boa vontade a esses dois homens. Com humildade, sinceridade e honestidade, desejo-lhes orientação de Deus, paz interior e Amor Divino. Desejo a ambos: prosperidade, sucesso e uma vida rica. Deus está em ação em todas as áreas da vida dos dois. Digo isso de verdade, estou sendo sincero. Minha mente agora está clara, limpa, equilibrada, serena e esperançosa de felicidade. Deus está me conduzindo em todas as direções. Ninguém pode tirar de mim felicidade, paz nem riqueza. Estou em unicidade com Deus, e meu empreendimento é o Empreendimento de Deus. Agora estou interessado em meu próprio empreendimento. O dinheiro que dei a esses homens volta para mim em paz e harmonia." Ele rezava dessa maneira à noite e de manhã. Durante o dia, quando surgiam pensamentos de ódio, dizia: "Deus está comigo agora."

Em duas semanas, o homem estava em paz com o mundo. Os pensamentos de rancor foram incinerados em sua mente mais profunda. Definharam com o entendimento de que Deus estava em ação em sua vida e na vida dos outros dois homens. Nesse ínterim, um parente desse homem morreu, e algo muito interessante se seguiu: ele herdou uma quantia no valor idêntico ao que havia perdido no empreendimento. "Porque assim como os céus são mais altos do que a terra, assim são os meus caminhos mais altos do que os vossos caminhos, e os meus pensamentos mais altos do que os vossos pensamentos" (Isaías 55:9).

Caso 2

Em uma de nossas aulas recentes sobre a Bíblia, uma moça nos contou como praticara a Presença. Havia um homem que a estava importunando constantemente. Telefonava-lhe ou ia encontrá-la em seu local de trabalho. Certo dia, ela decidiu fazer algo em relação a isso. Relaxou, acalmou as engrenagens de sua mente e concentrou toda a atenção na Presença de Deus em seu interior, conscientizando-se de que Ele estava ali.

Disse serenamente a si mesma: "Deus nunca fez um homem como esse. Apenas o Deus que há nele se manifesta para mim. Deus é tudo e apenas Deus pode se expressar por meio dele." O homem desapareceu completamente da vida da moça. Ela nunca mais o viu. Disse que foi como se a terra o tivesse engolido! Sem dúvida, ele foi curado e abençoado pela prece, e a jovem também se curou.

A oração dá sempre bons resultados. Ela é como a chuva suave do paraíso. É duas vezes abençoada: abençoa quem a faz e quem a recebe. A moça viu aquele homem sob uma nova luz, e depois ele sentiu essa mudança dentro de si mesmo. Foi curado e parou de importuná-la.

"Amai aos vossos inimigos, bendizei os que vos maldizem, fazei bem aos que vos odeiam, e orai pelos que vos maltratam e vos perseguem" (Mateus 5:44).

3
Realizando seu desejo

O desejo é o poder por trás de toda ação. Não conseguiríamos levantar a mão nem andar se não tivéssemos o desejo ou a ânsia de nos mover. O desejo é a dádiva de Deus. Como disse Browning:[1] "Este é tu, Deus, que dás; este sou eu, que recebo."[2]

É o ser humano que recebe – não apenas algumas dádivas da vida, e sim todas elas! "Filho, tu sempre estás comigo, e todas as minhas coisas são tuas" (Lucas 15:31). Tudo aquilo que o Pai tem, seja o que for, é nosso. Nosso Pai tem Consigo todas as coisas que solicitamos, como paz, harmonia, abundância, orientação, alegria e expressão infinita. Devemos crescer incessantemente. Jamais extinguiremos o Armazém Infinito.

Vamos entender algumas verdades simples. É por causa do desejo que saímos da frente de um ônibus que se aproxima. Fazemos isso porque temos o desejo básico de preservar a vida. A autopreservação é a primeira lei da natureza.

Por exemplo, o agricultor planta sementes porque deseja obter alimento para si e sua família. O ser humano constrói aviões movido pelo desejo de reduzir tempo e espaço. Situações semelhantes se apresentam ao longo de nossa vida.

O desejo impulsiona o ser humano. É o estímulo para a ação. Está por trás de todo progresso. É, de fato, a ânsia cósmica em todos nós, impelindo-nos a seguir adiante, em frente, para cima e para Deus.

O desejo é o anjo de Deus – o mensageiro do Divino – dizendo a cada um de nós: "Suba mais alto."

Ele está por trás de todo progresso. É o estímulo da vida. Percebemos que seguimos o desejo que nos cativa e nos prende a atenção. Todos nós seguimos em direção à ideia que domina nossa mente em determinado momento.

O desejo é o anjo de Deus que nos fala de algo que, se aceito por nós, tornará nossa vida mais plena e mais feliz. *Quanto maior a expectativa em relação ao benefício proporcionado pelo desejo, maior é o desejo.* Quando não há expectativa de benefício, ganho nem avanço resultante, não há desejo; consequentemente, não há ação.

Disse o Senhor: "Eu sou o Alfa e o Ômega, o primeiro e o derradeiro, o princípio e o fim" (Apocalipse 22:13). O ideal que murmura em nosso coração é o alfa; para que se transforme em ômega, devemos incorporar o sentimento de que ele é nosso *agora* e viver com isso em mente.

Fracassar na realização do desejo por um longo período resulta em frustração e infelicidade. Conversei com muitas pessoas em diferentes cidades, e a queixa mais frequente foi que, durante anos, elas tentaram alcançar determinado ideal ou posição na vida e, infelizmente, falharam. Não sabiam que o desejo de ser, fazer e ter era a Voz Mansa e Serena de Deus que lhes falava, e bastava que dissessem "Sim, Pai, aceito isto e creio nisto" e depois seguissem pela vida sabendo que "Está feito".

Como exemplo, tome a semente, que absorve da terra tudo de que precisa – como água e substâncias químicas – e, depois que emerge do solo, extrai dos raios do sol, por meio da fotossíntese, a luz e os elementos necessários para formar uma substância complexa chamada clorofila. Ela tem também a inteligência interior para criar os mais complexos componentes químicos em sua casca e em suas folhas, algo que está além do conhecimento humano.

De modo similar, quando o ser humano age como a semente e sabe que todas as coisas necessárias para o desabrochar do seu ideal lhe serão concedidas, ele atrai para si tudo de que precisa para concluir a realização desse sonho, por exemplo: amigos, capital, apresentações, ideias etc.

Todos os homens, mulheres e crianças que nos ajudam na estrada da vida são servos da lei que colocamos em ação em nosso interior. "Porque os meus pensamentos não são os vossos pensamentos, nem os vossos caminhos os meus caminhos" (Isaías 55:8). Essa Inteligência Infinita, que acionamos quando oramos corretamente, inspira nos outros as ações, as palavras e os movimentos necessários para nos auxiliar no grande desabrochar do nosso ideal ou na grande dramatização da nossa vida.

É bobagem culpar ou acusar outras pessoas, pois devemos entender que elas são testemunhas que nos dizem quem somos: "O que está fora é o reflexo do que está dentro." Se houver discórdia interior, haverá discórdia exterior. Se nos concentrarmos em carência e limitação, outros poderão vir e comprovar nossa carência.

Conheci uma mulher em Londres que teve a bolsa roubada três vezes por um ladrão no metrô da cidade, e ela era uma pessoa rica. A explicação para isso é que a mulher estava vivendo com medo de que lhe levassem a bolsa, e isso era realmente uma expectativa. "O que mais temo me acontece."

O humor, o sentimento ou a convicção com que caminhamos determina os movimentos e as ações dos outros em relação a nós. "*Todas* as coisas que pedirdes orando, crede receber, e tê-las-eis" (Marcos 11:24).

A expressão *todas as coisas* nessa citação significa qualquer coisa que você deseje; ela é completamente abrangente. Não há condições estabelecidas – você não precisa ser alguém que frequenta a igreja, não tem que pertencer a um credo específico nem fazer nenhum sacrifício. Deus não se regozija nos sacrifícios do ser humano: "Não por força nem por violência, mas sim pelo meu Espírito" (Zacarias 4:6). "'De que me serve a multidão de vossos sacrifícios', diz o SENHOR.

'Já estou farto dos holocaustos de carneiros e da gordura de animais cevados; nem me agrado de sangue de bezerros, nem de cordeiros, nem de bodes'" (Isaías 1:11). O único requisito é acreditar que você já tem o que quer ou que já é o ser humano que deseja ser.

Crer significa viver no estado de ser isso, o que corresponde a uma completa aceitação mental em que não há mais nenhuma dúvida nem pergunta em nossa mente. Esse é o estado de consciência chamado "convicção". Todos os outros procedimentos citados por Isaías são bobagens e superstições. O único pré-requisito é acreditar que recebemos; depois, acontece a manifestação do nosso ideal.

Crescemos por meio do desejo. É ele que nos empurra para a frente, pois é a ânsia cósmica.

Devemos entender que somos canais Divinos – individualizações da consciência de Deus. O desejo que persevera em seu coração, que murmura baixinho – e que talvez esteja lá há meses apresentando-se a você – é a Voz de Deus dizendo-lhe que suba mais alto, que se levante e brilhe. Talvez você tenha olhado ao redor e dito a si mesmo: "Que chance tenho?" "Maria consegue, mas eu, não." "Quem sabe, algum dia!" "Isto é apenas um pensamento ilusório." Muitas dessas expressões lhe ocorrem? Lembre-se de que isso são os cinco sentidos e a lógica mundana discutindo com seu *Self* Superior. Devemos nos recordar de que durante a oração sempre excluímos as evidências dos sentidos e da razão, além de tudo mais que contradiga ou negue aquilo em que realmente acreditamos. Depois, como Jesus nos orienta, nos interiorizamos, fechamos a porta e rezamos ao Pai em segredo. O Pai, que vê o que é secreto, nos recompensa abertamente. Vamos agora entrar nesse Lugar Secreto e realizar o ato espiritual criativo em nossa própria mente.

Sente-se em uma poltrona, relaxe e esvazie a mente. Pratique a técnica da Nova Escola de Cura de Nancy entrando em um estado meditativo, de sonolência, em que todo esforço é reduzido ao mínimo.

Por exemplo, se você deseja ser um cantor, imagine-se diante de um microfone. Agora, o microfone está à sua frente e você vê a plateia imaginária – você é o ator. ("Ajo como se já fosse, e serei.") *Sinta-se* na situação – está cantando agora (em sua imaginação); envolva-se na alegria desse ato; sinta a emoção da realização! Continue a fazer isso em sua imaginação até que comece sentir que é algo natural, depois vá dormir. Se você tiver sido bem-sucedido em plantar o desejo na mente subconsciente, terá uma grande sensação de paz e satisfação ao acordar. Algo interessante acontecerá: você não terá mais desejo de orar pelo que quer, porque isso já estará estabelecido na consciência. Esse fato ocorre porque o ato criativo terá sido concluído e você estará descansando.

Após uma prece verdadeira, depois de alcançada a convicção interior, paira sobre você um sentimento de paz interior, calma e certeza que lhe diz: "Está tudo bem." Na Bíblia, isso é chamado de *sabá*, ou período de quietude ou descanso. É o intervalo que transcorre entre a compreensão subjetiva do desejo e sua manifestação. A forma de manifestação é desconhecida para você; esse é o segredo do subjetivo. "Quão inescrutáveis são os Seus caminhos!" (Romanos 11:33).

A reposta, ou a manifestação, surge como um ladrão à noite. Sabemos que um ladrão aparece quando menos esperamos. Há sempre um elemento-surpresa; talvez ele chegue quando estivermos dormindo profundamente. Se nos sentarmos e aguardarmos pelo intruso, ele não virá. Do mesmo modo, devemos prosseguir com nossos afazeres diários e, quando menos imaginarmos, a resposta surgirá. Agora você está em paz, está, pode-se dizer, pleno. Não precisa ajudar a Inteligência Infinita, pois ela é Onipotente. Seria uma tolice tentar adicionar poder ao Poder.

O problema com muitas pessoas é este: quando rezam, elas ficam tensas, ansiosas e impacientes. Dizem: "Fico imaginando quando acontecerá." Outras perguntam: "Por que não aconteceu ainda?"

Se perguntamos "Por quê?" significa que estamos ansiosos e que nos falta fé. Quando *sabemos* que algo é verdadeiro, não questionamos nossa prece. Portanto, vamos nos lembrar de que, toda vez que nos perguntamos "Por quê?" ou fazemos essa indagação a alguém, isso mostra que ainda não alcançamos a convicção interior.

Quando possuímos algo em nível consciente, não o buscamos; nós o temos! Outro ponto que desejo destacar é: quando um estudante pergunta "Como isso acontecerá?", ele revela falta de fé e de convicção.

Por exemplo: se estou agora em Los Angeles, não pergunto "Como chegarei lá?", pois já *estou* lá. Da mesma forma, quando nosso ideal está fixado na consciência, não ficamos imaginando "Como chegarei lá?", uma vez que já estamos lá. Você está onde sua consciência está. "Para que onde eu estiver estejais vós também" (João 14:3).

Relatos de casos

Caso 1

Anos atrás eu estava realizando uma palestra no Park Central Hotel em Nova York. No fim do evento, um homem me disse:

– Desejo desesperadamente ir para Pittsburgh, mas não tenho dinheiro.

– Você assistiu à palestra? – perguntei.

– Sim, mas...

Orientei-o a ignorar as dúvidas em sua mente. Juntos naquela adorável sala de conferências, fizemos uma declaração simples da verdade: "Neste momento, estou em casa, em Pittsburgh, com minha família. Tudo é paz e harmonia." Ele estava em casa com aquelas pessoas durante aqueles poucos minutos de silêncio em sua imaginação e em seu sentimento.

Mais tarde, ele me telefonou, contando: "Fui para o restaurante e o homem que se sentou ao meu lado disse: 'Estou indo para Pittsburgh de carro. Adoraria ter alguém com quem dividir a direção e pagaria a essa pessoa. Conhece alguém? Você parece um mecânico.'" Foi dessa maneira que a Inteligência Divina respondeu à prece daquele homem.

Caso 2

Quero contar uma experiência que tive no Exército. Um jovem soldado me disse: "Antes da guerra, tentei por muitos anos entrar para a Bellevue Medical School. Sempre recusavam minha admissão, embora minhas notas fossem muito altas."

Aquele jovem acreditava que era vítima de preconceito racial. Ele estava agregado ao meu batalhão. Em uma noite, conversamos sobre as leis da vida. Discuti com ele a relação entre as mentes consciente e subconsciente, que é descrita em detalhes no meu livro *Milagres da mente*.[3] Expliquei-lhe que a mente subconsciente tinha a resposta; ela sabia tudo e detinha o *know-how* da realização.

Falei-lhe de alguns experimentos que eu realizara anos antes com um psicólogo refugiado de Berlim.

Em um dos exemplos, o rapaz submetido ao experimento tornou-se clarividente e descrevia acontecimentos que estavam ocorrendo a distância e que, subsequentemente, nós verificávamos. Ele também informava a localização de objetos desaparecidos e predizia com precisão determinados incidentes internacionais. Discutimos o fato de que a Inteligência e a Sabedoria Infinitas estão alojadas na mente subliminar do ser humano – é possível entrar em sintonia com Elas e fazer com que trabalhem para nós.

Seguindo a linha da conversa relatada, um experimento foi sugerido ao rapaz. À noite, quando ele estivesse quase pegando no sono, deveria imaginar que via um diploma médico com seu nome inscrito, atestando que era médico e cirurgião. O rapaz sentiu o diploma com a mão e imaginou a alegria de tudo aquilo. Tornou aquela imagem verdadeira e natural concentrando a atenção em um elemento – o diploma –, a coisa concluída, e depois contemplou sua realidade.

"Crede receber, e tê-lo-eis" (Marcos 11:24). "Chama as coisas que não são, como se já fossem " (Romanos 4:17). "Desde agora vo-lo digo, antes que aconteça, para que, quando acontecer, acrediteis que eu sou" (João, 13:19). Essas são fórmulas de oração perfeitas.

O rapaz foi até o fim, fazendo a seguinte pergunta: "O que de fato eu receberia para provar ao mundo que sou médico?" A resposta surgiu: "Um diploma!" Em sua imaginação, ele viu o diploma e o tornou real. E foi dormir sentindo-o na mão.

Por exemplo, você pode fechar os olhos agora e sentir que sobre seu corpo há seda, pelo de cabra ou um casaco de pele. Ao sentir o casaco de pele em sua forma natural, você o receberá.

O que se seguiu à prece do soldado foi muito interessante. Certa manhã, ele me disse: "Estou com a sensação de que algo vai acontecer e de que não ficarei aqui por muito tempo." Essa era sua mente subconsciente afirmando: "Está tudo bem."

Algumas vezes, sabemos, por meio de palpite, percepção interior ou sensação, que nossa prece foi atendida. Tecnicamente, diríamos que houve uma "subsubjetivação" da ideia, ou que ela foi incorporada ao subconsciente. Na verdade, diríamos que o soldado aceitou a ideia na consciência e que seu conhecimento interior fez com que ela ocorresse. As muitas palavras e frases que usamos ilustram a mesma coisa, isto é, ele sentiu a realidade da ideia, e isso basta. A técnica que ele empregou ajudou-o a realizá-la.

O oficial no comando chamou o soldado e informou-o de que, em vista de sua formação anterior na área médica, ele faria uma prova. Se tirasse boas notas, seria encaminhado para a faculdade de medicina com todas as despesas pagas pelo Exército. A notícia seguinte foi a de que ele seria enviado a Stanford, e não a Bellevue. "Quão inescrutáveis são os Seus caminhos!" (Romanos 11:33). (Foi explicado ao soldado que ele não precisaria estudar em Bellevue para ser médico. Deixe a Inteligência Infinita ser o guia.)

Ao rezar, vá até o fim. Sinta que você é agora aquilo que deseja ser; depois, a Inteligência Infinita assumirá o comando e agirá sobre os pensamentos, as ideias e as ações das outras pessoas, para que o auxiliem na realização de seu desejo. (Do mesmo modo, uma semente atrai para si todas as coisas – como substâncias químicas, água e luz solar – necessárias a seu desenvolvimento.)

Usamos sempre Princípio, Poder, Inteligência e Sabedoria em todos os dias da nossa vida. Quando levantamos a mão para escrever, estamos utilizando Poder e Energia. Da mesma forma, quando respiramos, empregamos o mesmo procedimento com o ar.

Por exemplo, estou escrevendo agora. As ideias que expresso vêm para mim da Mente Única, que é comum a todos os homens como individualidade. Existe apenas a Fonte Única, e Ela é Deus. Não damos origem a nada, pois todas as ideias vivem, movem-se e têm sua existência em Deus. Esse Ser Infinito, Consciência, Percepção, ou qualquer outro nome que queiramos dar-Lhe, é o único Originador – o Manancial de tudo. Todos os homens bebem dessa Fonte, ou Nascente Única. Com base nessas verdades, você entenderá que, quando olhamos para o sol ou para uma árvore, todos nós vemos o sol ou uma árvore, o que mostra que estamos todos usando a Mente Única.

Não há, portanto, algo como um ateu. Não poderia haver porque essa pessoa está usando a Mente, o Poder e a Inteligência que são de Deus. Ela está viva, e sua própria vida é Deus, pois Deus é Vida. Quando essa pessoa diz "Não acredito em Deus", você pode ver quão absurda é essa afirmação. Ela sabe e crê que está viva. A Vida, a Consciência, é Deus.

Como professor, quero ressaltar que não há mestre capaz de ensinar nada novo a você; ele não conseguiria. Do mesmo modo, não pode lhe dar a verdade. Tudo o que qualquer professor pode fazer é despertar aquilo que já está em seu interior. Você abriga Deus. "Eis aqui o tabernáculo de Deus com os homens" (Apocalipse 21:3). Um mestre faz com que você veja a verdade, que esteve sempre ali. Se for um bom professor, ele acenderá um fogo; depois, você se aquecerá em seu brilho. Contudo, o fogo, o brilho e o calor estiveram sempre com você. Se tiver um bom conhecimento da verdade, o mestre genuíno lhe ensinará a liberdade e lhe dirá com franqueza que você não lhe deve nenhuma lealdade pessoal, pois seu coração pertence a Deus, ou à Verdade. "Sê a ti próprio fiel, como o dia à noite, que a ninguém jamais poderás ser falso."[4] Caso você não obtenha nada com ele, o professor da verdade lhe dirá que vá a outro lugar onde será abençoado. Recorremos a nós mesmos – não há competição quando se trata da verdade.

Você não tem de se esforçar para atingir o objetivo que está buscando, pois ele já existe e, por meio de seu tratamento e trabalho, você se apropria dele aceitando na consciência o estado desejado. Todos os estados coexistem no Grande Agora ou em outras dimensões de sua mente. É como o teclado de um piano – a música que desejamos tocar já está nesse instrumento. Basta tocarmos as teclas e os acordes certos para liberá-la, mas a melodia ou a sonata já estava ali; não a criamos. Tudo o que fazemos é reconhecer determinada composição e deixá-la sair. Podemos tocar *"O bife"* ou uma sonata de Beethoven – para o piano, tanto faz.

Do mesmo modo, observe o alfabeto: não o criamos, ele sempre existiu na Mente Infinita. Com o alfabeto, podemos escrever uma bela e magnífica história de vida ou uma coluna de fofoca capaz de levar uma pessoa desorientada a cometer suicídio.

Devemos trocar a tecla para produzirmos também nossa música. Ela é harmonia, saúde, paz e nosso verdadeiro lugar na vida. Tocamos a tecla apropriada contemplando a realidade do estado que está sendo procurado agora, sentindo e acreditando que o temos.

Darei um exemplo simples. Suponha que você queira vender uma casa por 20 mil dólares. Esse é o preço que pagaria por ela, caso estivesse no papel do comprador. Está satisfeito porque esse é o valor justo e não há conflito em sua consciência. O próximo passo, como diz Troward, é "ver o fim". Um modo simples de fazer isso é escolher uma frase que seja fácil de memorizar, como "Está vendida" ou "Está feito", e repeti-la numerosas vezes como se fosse uma canção de ninar até que você sinta sua realidade e naturalidade. (Este último procedimento é proposto pela Nova Escola de Cura de Nancy. Consulte *Suggestion and Auto Suggestion*, de Charles Baudouin.[5])

Já orientei muitas pessoas na venda de propriedades da seguinte maneira: veja o cheque em sua mão e sinta a alegria da realização. Imaginar o cheque na mão é ver o fim, e, ao ver o fim, como diz Troward, você determinou os meios para a concretização desse fim. O Espírito Infinito lhe levará a pessoa que deseja aquilo que você tem para oferecer. O preço e o tempo serão certos, e você verá que a venda do imóvel se dará em paz e harmonia para todos os interessados. "E quem tem sede, venha; e quem quiser, tome de graça da água da vida!" (Apocalipse 22:17).

4
A força do poder da fé

O propósito deste capítulo é ensinar a você a verdade espiritual de seu domínio e de sua liberdade. "Reconhece-o em todos os teus caminhos, e ele endireitará as tuas veredas" (Provérbios 3:6). "Na minha angústia clamei ao Senhor, e ele me ouviu" (Salmos 120:1).

Os versos dos Provérbios citados orientam-nos a pensar na Inteligência Infinita dentro de nós e Ela endireitará nossas veredas. A resposta ao seu problema virá quando você se voltar para a fé e o reconhecimento do Princípio Divino em seu íntimo.

Foi Shakespeare quem disse: "Nossas dúvidas são traidoras, pois muitas vezes nos fazem perder o bem que poderíamos conquistar se não fosse pelo medo de tentar." O medo nos detém. O *medo* é a falta de fé em Deus ou no Bem.

Certa ocasião, um homem me disse que era membro da equipe de vendas de uma grande empresa na área química que tinha duzentos funcionários em operação. O gerente de vendas morreu e o vice-presidente ofereceu ao homem o cargo que vagara; no entanto, ele não o aceitou. Mais tarde, entendeu que o único motivo que o levara a rejeitar a oferta fora o medo. Ele sentira medo de tentar assumir a responsabilidade. Esse homem carecia de fé em si mesmo e em seu Poder Interior. Ele hesitou e a oportunidade maravilhosa o deixou de lado.

Esse vendedor me procurou para uma consulta e percebi que ele estava condenando a si mesmo algo que era como um veneno mental destrutivo. Em vez de se condenar, ele começou a entender que havia outras oportunidades. Expliquei-lhe que a fé é um modo de pensar, uma atitude mental positiva ou um sentimento de confiança de que aquilo pelo que rezamos se realizará.

Por exemplo, você tem fé que o sol nascerá amanhã. Tem fé que a semente que você depositou no solo crescerá. O eletricista tem fé que a eletricidade responderá ao uso adequado que ele fizer dela. Um cientista tem a ideia de um disco fonográfico e age para realizá-la tendo fé na execução da ideia invisível.

A oportunidade está sempre batendo na nossa porta. O desejo por saúde, harmonia, paz e prosperidade está batendo na sua porta agora. Talvez lhe ofereçam uma promoção – você agirá como Pedro dos tempos antigos que caminhou sobre as águas? ("E ele disse: Vem. E Pedro, descendo do barco, andou sobre as águas para ir ter com Jesus. Mas, sentindo o vento forte, teve medo, e, começando a ir para o fundo, clamou, dizendo: 'Senhor, salva-me!'" (Mateus 14:29-30).

Além de ser histórico, esse drama de Pedro e Jesus ocorre em nossa própria mente. *Pedro* significa fé, perseverança e determinação. *Jesus* corresponde ao desejo, que, se realizado, seria nosso salvador. Jesus penetra na nossa mente como uma ideia, um desejo, um plano, um propósito, uma visão ou um novo empreendimento. A realização de nossos sonhos, planos ou propósitos proporcionaria a nós e aos outros grande satisfação e alegria interior; isso seria o nosso Jesus. Agora você pode chamar Pedro, que significa fé no Poder Divino, para realizar todas as coisas. Veja Pedro e Jesus como dramatizações do poder da verdade em seu interior.

Muitas vezes, quando tentamos algo novo – por exemplo, uma nova posição no trabalho –, a dúvida penetra em nossa mente. Ela é *Pedro* em nós olhando para a *violência do vento e afundando*.

Você deve incinerar, queimar e destruir imediatamente esse pensamento negativo. "A feiticeira não deixarás viver" (Êxodo 22:18), isto é, você deve suplantar prontamente o sentimento negativo com os pensamentos positivos de sucesso, paz e prosperidade e envolver esses conceitos em amor e sentimento. Mantendo essa disposição confiante, você será vitorioso.

A dúvida e o medo prendem o ser humano no cativeiro da doença e do fracasso. Esses conceitos falsos nos fazem vacilar, duvidar, cometer equívocos e hesitar em ir em frente. O caminho para superar isso é intensificar a fé em nossas profundas potencialidades espirituais e aumentar a consciência que temos delas. Seja como Pedro, que teve sucesso porque seguiu em frente. Ele teve fé e confiança, sabendo que seria bem-sucedido.

Um general no comando não pode se dar ao luxo de vacilar e hesitar no campo de batalha. Ele tem de se decidir. A incapacidade de tomar uma decisão, aliada a uma constante vacilação na mente, causa colapso nervoso e confusão mental. Quando nos vemos arrastados em duas direções, isso é sinal de dúvida e medo.

O bem nos chega na forma do desejo. Se estamos doentes, desejamos saúde. Se somos pobres, desejamos riqueza. Se estamos tomados pelo medo, desejamos fé e confiança. Jesus chega como o desejo percorrendo as ruas de nossa mente.

Há outra parte de nossa mente que diz: "Não, não dá. É tarde demais." "É impossível." Este é o momento de levantarmos os olhos para os montes de onde virá o socorro. Por exemplo, você ergue os olhos quando concentra a atenção em seu bem. Lembre-se de que a fé pode fazer todas as coisas. "A tua fé te salvou" (Mateus 9:22). "Seja-vos feito segundo a vossa fé" (Mateus 9:29). Você deve avaliar a questão de que seu desejo, ideia ou sonho é real, de que é um fato da consciência, que lhe dá fé e que o capacita a sair das águas da confusão, do conflito e do medo para um lugar de convicção bem fundo em seu coração. Pedro disse: "Senhor, se és tu, manda-me ir ter contigo sobre as águas" (Mateus 14:28).

As ideias são nossos senhores e mestres. Elas nos governam e nos conduzem. A ideia dominante que você acalenta agora é seu senhor; ela gera sua própria emoção. Emoções nos compelem a expressá-las. A ideia dominante de sucesso introduzida na mente gera seu próprio humor ou sentimento. Esse sentimento nos compele à ação correta; seja o que for que façamos sob a disposição da fé e da confiança, será bem-sucedido. A ideia ou o desejo que nutrimos é agora nosso mestre. "Senhor, se és tu, manda-me ir ter contigo sobre as águas." Ajuste apropriadamente seu desejo, beije-o, ame-o, deixe que cative sua mente; sinta sua realidade.

Seu desejo é sublime, inspirador e maravilhoso o suficiente para levar você em frente? Seu ideal é verdadeiro, assim como a ideia do rádio era verdadeira na mente de seu inventor, como a ideia do automóvel era real na mente de Henry Ford e como a ideia de uma casa é real na mente de um arquiteto. Não é uma fantasia sem propósito nem um devaneio.

Pedro está dentro de você; isto é, Pedro é fé, perseverança, pertinácia e uma confiança permanente na Força Onipotente, que responde ao pensamento e à crença dos homens. Essa Consciência Amorfa em seu interior assume a forma da sua crença e convicção. Ela é realmente tudo para todas as pessoas. É força para você, se é de força que você precisa. É orientação, se é disso que você necessita. É também alimento e saúde.

Todas as pessoas têm fé em algo. Qual é *sua* fé? Deixe que seja fé em todas as coisas boas, uma expectativa alegre do melhor e uma crença firme gravada em seu coração de que a Inteligência Infinita o guiará para fora de sua dificuldade e lhe mostrará o caminho. Agora, você tem uma firme convicção no Poder de Deus para solucionar seus problemas e curá-lo. Essa fé em Deus o capacita a caminhar sobre as águas do medo, da dúvida, da preocupação e de perigos imaginários de todos os tipos. Sabemos que o erro e o medo são crenças falsas destituídas de poder. Paulo diz: "A fé é a o firme fundamento das coisas que se esperam, e a prova das coisas que não se veem" (Hebreus 11:1). É da fé, ou do sentimento, que todas as coisas fluem.

Quando olha para baixo, você vê lama; mas, quando olha para cima, vê estrelas! Do mesmo modo, quando você diz "Não há saída. Não tenho chance", está parecendo Pedro diante dos ventos da confusão, do medo e da opinião humana. No entanto, quando ele se lembra de onde está seu poder, *levanta os olhos para Jesus*, isto é, olha para a solução, para a saída, o final feliz, e ignora os ventos do intelecto humano.

A pessoa de fé põe sua confiança no Poder Invisível dentro de si. Ela sabe que esse é o Reino do Real. Sabe que seu ideal é verdadeiro no Reino Interior e que sua fé, ou seu sentimento, fará com que o que não tem forma, ou o invisível, assuma uma forma como situação, evento ou experiência. É por isso que o homem de fé caminha sobre as águas e segue com confiança e entendimento para a terra prometida – seu estimado objetivo. Fé é aceitar como verdade aquilo que a razão ou o intelecto negam.

Todos os grandes cientistas, místicos, artistas, poetas e inventores têm fé e confiança constantes nos Poderes Invisíveis em seu interior ou são tomados por elas.

Fé é confiança. Você confiava em sua mãe quando estava em seus braços, olhava em seus olhos e via amor neles. *Pedro* significa sua fé, sua confiança, em

Deus, o Amado Absoluto, e ela deveria ser maior do que a fé em sua mãe.

Enquanto lê isto, volte seu desejo ou solicitação para a mente subjetiva em seu interior, reconhecendo em seu coração que ela tem a resposta e o *know-how* da realização e que seus caminhos são inexploráveis. Quando estiver relaxado e sereno, você saberá que obteve sucesso em impregnar sua mente mais profunda. Os sinais surgem – a onda de paz é o sinal, ela é a convicção interior. Você caminha sobre as águas da confusão, do caos e de falsas crenças, porque, em pouco tempo, viverá aquilo que sentiu como real.

Troward diz que se algo é verdadeiro, existe um modo em que ele é verdadeiro. Observe o poder mágico e milagroso da fé em sua vida. Contemple o milagre que ocorre quando você toma um copo de leite. Ele é transformado em músculo, osso, cabelo e sangue em seu corpo pelo Mestre Químico interior. Procure seu salvador dentro de si. Seu verdadeiro salvador são seus pensamentos e sentimentos. Misture-os e você terá uma aliança sagrada, a felicidade conjugal, o casamento místico. Toda ideia ou desejo impregnado de amor é invencível; isso é a fé em ação. Misture Pedro (a fé) e Jesus (o desejo), e o milagre ocorrerá.

Relatos de casos

Caso 1

Certa vez, visitei um homem em uma penitenciária. O primeiro pensamento em sua mente era liberdade, o que é simbolizado na Bíblia por Jesus caminhando nas águas da nossa mente. Esse detento estava muito amargo e cético. Expliquei que ele se colocara na prisão por ter cometido atos que eram contrários à Regra de Ouro. Ele estava vivendo em uma prisão psicológica de ódio e inveja. Esse homem mudou sua atitude mental trazendo à tona Pedro, que era sua fé na Força Onipotente, para realizar o estimado desejo do seu coração.

Forneci instruções detalhadas a esse prisioneiro. Ele começou a orar por aqueles por quem sentia ódio, dizendo com frequência: "O amor de Deus flui por eles, e eu os libero." Passou a fazer isso diversas vezes ao dia. À noite, antes de dormir, imaginava-se em casa com a família. Sentia que estava com a filhinha nos braços e a ouvia dizer: "Bem-vindo, papai." Tudo isso acontecia em sua imaginação. Com o tempo, ele começou a fazer isso de um modo tão real, natural e vívido que se tornou uma parte dele. Seu subconsciente ficou impregnado da crença na liberdade.

Outro fato interessante aconteceu: ele deixou de ter desejo de orar por sua liberdade, o que foi um sinal psicológico seguro de que havia incorporado subjetivamente o desejo por liberdade. Esse homem estava em paz e, embora se encontrasse atrás das grades, sabia subjetivamente que era livre. Era um conhecimento interior. Não procuramos mais aquilo que já temos. Por ter realizado seu desejo de modo subjetivo, ele já não queria mais orar por ele.

Após algumas semanas, esse detento foi solto da prisão. Amigos foram ajudá-lo, e através dos canais apropriados, a porta para uma nova vida abriu-se diante dele.

Caso 2

Uma aluna em nossa aula de estudos sobre a Bíblia afirmou que não havia maneira de evitar que seu namorado perdesse sua loja. Ele não conseguia pagar as dívidas, até mesmo seu veículo estava comprometido.

A moça disse: "Não é possível. Não vejo saída. A situação está perdida." Após ouvir uma de minhas palestras sobre a prece, ela a aplicou naquela noite.

Ela orou: "Senhor, caminharei sobre as águas da dúvida e da negatividade e direi do Senhor 'Ele *é* o meu Deus, o meu refúgio, a minha fortaleza, e nele confiarei'" (Salmo 91:2). A moça fixou a mente nesta grande verdade: "A paz de Deus inunda sua mente, e Deus o atende."

Ela permaneceu em um estado sereno, passivo. Assumiu o estado de ânimo de que havia solução para o caso do namorado e adormeceu concentrada nestas maravilhosas palavras da verdade: "Não temais; estai quietos, e vede o livramento do Senhor, que hoje vos fará" (Êxodo 14:13). Essa jovem sabia que o salvador estava em sua própria fé. Voltou os olhos para as montanhas, e essas *montanhas* são sempre de uma cordilheira interior, são feitas de fé e confiança no Senhor, que move montanhas. Rejeite mentalmente todas as evidências dos sentidos e olhe nos olhos do salvador. Isso significa viver na corporificação emocional de seu desejo ou ideal.

No dia seguinte, seu namorado lhe telefonou contando que havia acontecido um milagre. Um cheque de 2 mil dólares lhe fora apresentado naquele dia por um homem a quem ele emprestara essa quantia dez anos antes. Isso ocorreu de forma inesperada como uma resposta perfeita às preces de fé da jovem.

5
Passos para a felicidade

A felicidade é um estado de consciência. Fé e medo são estados de ânimo da alma. A fé é uma expectativa alegre do melhor. O medo surge para desafiar nossa fé em Deus e no Bem. Entenda o medo como a ignorância do ser humano ou como as falsas crenças, que tentam suplantar a convicção no bem.

Nunca considere nem aceite sugestões de doença, fraqueza nem fracasso. Se você ouvir indicações negativas e se tornar temeroso, comece a afirmar as Verdades de Deus, como Amor, Paz, Alegria etc. Saiba que pensamento e sentimento são as causas das situações e experiências.

O medo baseia-se nas crenças falsas de que há outros poderes e que as condições exteriores podem nos prejudicar. Ele deve nos deixar porque não há nada que o sustente, não há realidade por trás dele, suas declarações são falsas. Volte à simples verdade:

"Apenas o pensamento tem poder sobre você, e a Força Onipotente Única agora se move em seu benefício, pois seus pensamentos estão em sintonia com a Unidade Infinita."

A pessoa que tem plena fé em Deus nunca está preocupada com o futuro. Quando a preocupação e o medo batem na porta de sua mente, a fé em Deus abre a porta, e a mente fica em paz.

Certa ocasião, conheci um fazendeiro na costa oeste da Irlanda. Vivi em sua casa por alguns dias. Ele parecia estar sempre feliz e alegre. Pedi-lhe que me contasse o segredo daquela felicidade. Sua resposta foi: "Ser feliz é um hábito que tenho." Isso é tudo! A oração é um hábito; do mesmo modo, a felicidade é um hábito.

Há uma frase na Bíblia que diz: "Escolhei hoje a quem haveis de servir" (Josué 24:15). Você tem a liberdade de *escolher* a felicidade. Isso pode parecer extraordinariamente simples – e é. Talvez seja por isso que as pessoas tropeçam em seu caminho para a felicidade: elas não veem a simplicidade do segredo para serem felizes. Você pode escolher a infelicidade, acalentando estas ideias: "Hoje é um dia sombrio, tudo vai dar errado." "Não terei sucesso." "Todos estão contra mim."

Talvez diga a si mesmo: "Os negócios vão mal. E vão piorar." Além disso, pode dizer: "O pior ainda está por vir!" Se essa for sua primeira disposição mental pela manhã, você atrairá essas experiências e será muito infeliz.

Por outro lado, você pode escolher a felicidade. Faça deste jeito: quando abrir os olhos de manhã, diga a si mesmo: "Todas as coisas trabalham juntas pelo bem daqueles que amam a Deus." Lembre-se de que, em todos os idiomas, Deus e Bem têm o mesmo significado.

O amor é um vínculo emocional. Continue ligado a Deus de manhã da maneira que explico a seguir. Olhe pela janela e diga: "Este é um dia de Deus para mim. Sou Divinamente guiado ao longo do dia. Qualquer coisa que eu faça prosperará. Lanço o encanto de Deus ao meu redor. Ando em Sua Luz. Sempre que minha atenção vagar para longe de Deus ou do Bem, eu a trarei imediatamente para Sua contemplação e Presença Sagrada. Sou um ímã espiritual atraindo para mim mesmo todas as coisas que me abençoam e me fazem prosperar. Hoje serei bem-sucedido em todas as minhas tarefas. Serei inteiramente feliz durante todo o dia."

Comece todos os dias dessa maneira e, desse modo, estará optando pela felicidade e será uma pessoa alegre e radiante.

Não há nada que você possa vivenciar fora de sua própria atitude mental. Sua disposição mental dominante é o modo como você se sente interiormente em relação a si mesmo, aos outros e ao mundo em geral. Qual é sua atitude mental no momento? Como você se sente por dentro? Está preocupado, confuso, zangado, aflito em relação aos atos de outras pessoas? Se estiver, então não está feliz, pois está se concentrando na limitação.

Comece a fixar a mente em pensamentos de paz, sucesso e felicidade, pois isso é de fato orar. Aja assim com frequência e depois você será como o fazendeiro irlandês que me disse: "Ser feliz é um hábito que tenho." Sua atitude mental dominante dirige e governa todas as suas experiências. Portanto, nada pode surgir em seu mundo, a não ser a imagem exterior de sua atitude mental. Ame todas as coisas.

e até mesmo seus chamados "inimigos" se sentirão compelidos a fazer-lhe o bem.

Muitas vezes, lemos na literatura psicológica e metafísica que o mundo que contemplamos é o mundo que somos. Isso significa que você pode controlar seu relacionamento com o mundo. O mundo em que você vive realmente é um mundo mental de pensamentos, sentimentos, sensações e crenças. De fato, toda pessoa, circunstância e experiência que você encontra se torna um pensamento em sua mente. Como você sente e reage mentalmente à vida e às condições depende de suas crenças em relação à vida e às coisas em geral. Se seu conhecimento sobre a vida e o mundo é falso, você pode ser muito infeliz. Caso tenha o conhecimento verdadeiro e as ideias certas, pode controlar suas reações emocionais à vida e ter paz interior.

Você está agora despertando para a verdade de que a felicidade é determinada por aquilo que está em sua mente. Existe um ponto muito importante sobre ser feliz: você precisa *desejar* sinceramente ser feliz. Há pessoas que se sentem deprimidas, desalentadas e infelizes por tanto tempo que quando são animadas por alguma notícia boa, alegre, maravilhosa, elas se portam como a mulher que me disse: "É errado ser tão feliz!" Acostumaram-se tanto com os padrões mentais antigos que não se sentem à vontade sendo felizes! Anseiam pelo estado habitual, deprimido e triste.

Conheci uma mulher na Inglaterra que sofria de reumatismo havia vinte anos. Ela dava tapinhas no joelho e dizia: "Meu reumatismo está demais hoje. Não posso sair. O reumatismo me deixa infeliz." Essa estimada senhora de idade recebia muita atenção do filho, da filha e dos vizinhos. Ela realmente queria o reumatismo; gostava da sua "infelicidade", como a chamava. Na verdade, essa pessoa não desejava ser feliz.

Sugeri um procedimento curativo descrito na Bíblia. Escrevi alguns versos bíblicos e disse-lhe que ela ficaria curada se desse atenção àquelas verdades, mas ela não se interessou. Muitas pessoas parecem ter uma tendência mental peculiar que as faz gostar de serem infelizes e tristes.

Jesus disse: "Se sabeis estas coisas, bem-aventurados sois se fizerdes" (João 13:17). Ele disse também que "se não vos fizerdes como crianças, de modo algum entrareis no reino dos céus." (Mateus 18:3). A razão disso é que a criança é feliz porque está perto de Deus. Ela sabe intuitivamente onde encontrar felicidade. Não precisamos ficar velhos, chatos, excêntricos, insolentes e intratáveis, do mesmo modo como não temos de ficar enfastiados e deprimidos. As verdades simples da vida, e não as opiniões humanas, produzem e geram a felicidade interior. Muitas pessoas tentam comprar a felicidade por meio da aquisição de aparelhos eletrônicos, automóveis e casas de campo, porém a felicidade não pode ser comprada nem procurada dessa maneira.

O Reino de Deus está dentro de nós, e o reino da felicidade está em nosso pensamento e sentimento. Muitas pessoas creem que é necessário algo artificial para se produzir felicidade. Algumas delas dizem: "Se eu tivesse um milhão de dólares, seria feliz." A resposta é: "Devemos *escolher* a felicidade." Temos de torná-la um hábito. A felicidade vem de visitas diárias a Deus e da comunicação silenciosa com Sua Presença Sagrada.

Comece agora a comer o pão do silêncio. Faça isso meditando sobre este fato: "Na tua presença, há plenitude de alguns" (Salmos 16:11). Enquanto se concentra nessas palavras, imagine que a alegria e o amor de Deus estão fluindo por sua mente e seu coração como uma corrente viva ou um rio e que, depois, você aciona o dom de Deus em seu interior.

O Salvador está dentro de você, mas Ele está adormecido. Acorde-O! Basta o pensamento para pôr Deus em ação. Toda vez que rejeita mentalmente o poder das situações e circunstâncias e reconhece a Presença Divina em você, está acionando o dom de Deus em seu interior. "Por este motivo te lembro que despertes o dom de Deus, que há em ti pela imposição das minhas mãos" (2 Timóteo 1:6).

Quando a mente está limpa e sadia, quando os olhos estão fixos e concentrados em Deus ou no Bem, e quando o coração é como o de uma criança, a mente fica em paz; portanto, você está pleno da vontade de Deus e se sente feliz.

Diga a si mesmo todas as manhãs ao despertar: "Deus é meu parceiro." Se o dia estiver chuvoso, afirme com alegria: "Como é maravilhoso ver Deus em ação!" Quando vir a neve caindo, agradeça. Quando o sol estiver brilhando, saiba que ele está abençoando todos nós.

Em seu interior, está o Poder para superar qualquer situação. Você nasceu para vencer, ser bem-sucedido e conquistar. É muito emocionante controlar habilmente uma atribuição difícil; a alegria está em sobrepujá-la. Lute contra o problema agora. Erga aquela espada brilhante da verdade e diga: "Saiu, vitorioso, e para vencer!" (Apocalipse 6:2). O Poder do Todo-Poderoso está dentro de você. Ele lhe revelará a solução perfeita. Mostrará o caminho a ser seguido. Vença e supere toda emoção negativa em seu interior. O Amor expulsa o medo. A Paz de Deus bane a dor. A Boa Vontade afugenta a inveja. Em meio a qualquer adversidade, procure pelo que é bom e correto; em outras palavras, busque a resposta Divina.

Volte-se para seu interior agora e afirme: "Todas as manhãs, vou dizer 'Há algo feliz no meu caminho.'" Não há realidade no mal, pois o mal é a mente desorganizada.

Deus é Vida, e a Vida está sempre procurando expressar-Se de formas prazerosas e por caminhos de paz. Nossa tendência é seguir a direção da Vida. O anseio da vida é progredir. Ela busca expressar-se por nosso intermédio como harmonia, saúde, paz, alegria e felicidade; e essas são as verdades que procuramos. Não há nada além de Bem no projeto cósmico universal de Deus. Entronize na mente o pensamento da completa Onipotência de Deus e que Ele está cuidando de você, orientando-o em todos os seus caminhos. Deixe sua mente imbuir-se dessa ideia, e as águas da cura fluirão por você. À medida que for concentrando a atenção nessas verdades, estará criando o hábito de ser feliz.

Relatos de casos

Caso 1

Conheci um alcoólico em Londres que havia se afogado nas profundezas da degradação. Quando o encontrei, ele estava pedindo esmolas nas ruas para beber. Outrora fora um advogado respeitável. Permaneci um tempo com ele no Hyde Park, em Londres, falando-lhe sobre algumas verdades simples. Escrevi as seguintes palavras para que ele as repetisse

"Rendo-me completamente a Deus e a Seu Amor e Bondade Ilimitados. Minha mente e meu coração estão agora abertos ao Espírito de Deus Todo-Poderoso, que flui por mim neste momento. Deus enche meu coração e minha mente com Sua Alegria e Seu Amor. Não vejo o vento, mas sinto a brisa sobre meu rosto; do mesmo modo, sinto a Presença de Deus se agitando em meu coração. O rio de Amor de Deus flui por mim, e eu estou limpo e sadio."

Disse-lhe que relaxasse e pronunciasse clara e lentamente essa meditação por 15 minutos, três vezes por dia. Bastava que fosse sincero e humilde e, depois, teria certeza de que seria libertado do alcoolismo e abençoado além de seu mais desvairado sonho. Ele cumpriu a promessa. Em menos de uma semana, estava comprometido em um romance com Deus. Ele tocou realmente a orla de Seu manto. Ao meditar em voz alta, imaginava que as palavras eram sementes afundando-se em sua alma. No sexto dia, todo o seu ser e seu quarto foram inundados de uma Luz Interior que pareceu cegá-lo por um instante. Ele ficou inteiramente curado.

Caso 2

Há alguns anos, quando eu fazia uma palestra em São Francisco, entrevistei um homem que estava muito infeliz e desanimado com os rumos da empresa em que trabalhava. Ele era o gerente geral. Seu coração estava cheio de ressentimento em relação ao presidente e ao vice-presidente da organização. Ele dizia que sofria oposição dos dois. Em consequência de sua luta interior, os negócios estavam em queda, e ele já não recebia dividendos.

Vou contar como ele orou e resolveu seus problemas profissionais. A primeira coisa que fazia pela manhã era esta meditação: "Todas as pessoas que trabalham aqui são elos espirituais, maravilhosos, à semelhança de Deus, na corrente do crescimento, do bem-estar e da prosperidade da empresa. Em pensamentos, palavras e atos, transmito boa vontade aos meus colegas e a todos na organização. Meu coração está cheio do Amor e da Boa Vontade de Deus pelo presidente e o vice-presidente. A Inteligência Infinita e a Sabedoria Divina tomam todas as decisões por meu intermédio. Há apenas ações corretas acontecendo em minha vida. Envio ao escritório antes de mim os mensageiros da paz, do amor e da boa vontade, e a Paz de Deus reina suprema na mente e no coração de todos na empresa, entre os quais me incluo. Agora parto para um novo dia, pleno de fé, segurança e confiança."

Esse executivo repetia lentamente essa meditação três vezes de manhã, sentindo a verdade por trás das palavras. Ele infundiu nelas vida, amor, verdade e beleza, que penetravam profundamente em sua mente subconsciente. Quando sentimentos de medo ou raiva lhe surgiam durante o dia, ele afirmava: "Deus está comigo agora." Pouco tempo depois, todos os pensamentos nocivos cessaram, e sua mente ficou em paz. Ele escreveu para mim em Nova York dizendo que, ao fim de duas semanas, o presidente e o vice-presidente chamaram-no em sua sala, desculparam-se e cumprimentaram-no, afirmando que a empresa não prosperaria sem ele. Ele se sentiu muito feliz novamente. A felicidade resultou do fato de ter visto Deus nos colegas e de lhes transmitir amor e boa vontade. A felicidade verdadeira chegou a esse homem quando ele começou a praticar a Presença de Deus.

O Amor liberta; doa; é o espírito de Deus. Deus é o Solvente Universal, pois o Amor dissolve tudo o que é diverso Dele.

6
Relacionamentos humanos harmoniosos

"Tudo o que vós quereis que os homens vos façam, fazei-lho também vós."

(Mateus 7:12)

A primeira coisa que você aprende é que não se pode mudar ninguém, apenas a si mesmo. A mensagem de Mateus tem um significado aparente e outro mais profundo: tudo o que você quiser que as pessoas *pensem* a seu respeito, pense você em relação a elas. Tudo o que quiser que as pessoas *sintam* a seu respeito, sinta você em relação a elas. *Aja* com as pessoas do modo como deseja que elas ajam com você. Essa passagem bíblica é o segredo para relacionamentos humanos felizes em todos os níveis sociais.

Você presta atenção na sua "conversa interior"? Por exemplo, talvez você seja educado e gentil com alguém em seu ambiente de trabalho; no entanto, quando essa pessoa vira as costas, pensa nela de um modo muito ressentido e crítico. Tais pensamentos negativos são altamente destrutivos para você. É como se envenenar. Você está, na verdade, tomando um veneno mental que lhe rouba vitalidade, entusiasmo, força, orientação e boa vontade.

A sugestão que você dá a alguém, dê a si mesmo. Pergunte-se: "Como estou me comportando interiormente em relação a essa pessoa?" Essa atitude interior é o que conta. Comece a se observar, preste atenção na sua reação a pessoas, situações e circunstâncias. Como você reage aos eventos e notícias do dia? Não faria diferença se todas as pessoas estivessem erradas e apenas você estivesse certo, porque seu mau humor o teria afetado e lhe roubado paz e harmonia. Você não tem de reagir negativamente a notícias ou comentários que ouve. Pode permanecer impassível, inalterado e equilibrado por compreender que os outros têm direito às suas manifestações e crenças. O que nos afeta nunca é o que alguém diz ou faz; o que importa é nossa reação ao que é dito ou feito.

Divida-se mentalmente em duas pessoas: a que está com seu estado mental no momento presente e a que está com o estado mental que você gostaria de apresentar. Observe os pensamentos de inveja, ciúme e ódio que podem tê-lo subjugado e aprisionado. Você se separou em duas pessoas com o propósito de se disciplinar: uma delas é a mente racial atuando em você, enquanto a outra é o Infinito, ou o *Self* Divino, procurando se manifestar por seu intermédio. Seja honesto e determine que humor deve prevalecer.

Por exemplo, se alguém faz fofoca a seu respeito ou o critica, qual é sua reação? Você adere ao comportamento típico ficando nervoso, ressentido e com raiva? Nesse caso, está se deixando levar pela mente mundana. Você deve recusar-se categoricamente a reagir desse modo mecânico, estereotipado e automático. Diga de forma positiva e definitiva a si mesmo: "A Unidade Infinita pensa, fala e age por meu intermédio agora – esse é meu *Self* Real. Transmito amor, paz e boa vontade a essa pessoa que me criticou. Saúdo a Divindade que existe nela. Deus fala por meu intermédio na forma de paz, harmonia e amor. Isso é maravilhoso." Você é agora um verdadeiro estudante da verdade. Em vez de se comportar como o rebanho que reage ao ódio com ódio, você respondeu com amor ao ódio, com paz à ofensa e com boa vontade à má vontade. Absorveu a verdade para pensar e responder de um modo novo. Quando alcança a verdade, você estabelece um novo conjunto de reações para suplantar as antigas. Caso reaja sempre da mesma forma a pessoas e situações, não está se desenvolvendo. Em vez disso, está estagnado.

Você sabe que não tem de aceitar pensamentos negativos. Pode se tornar o que deseja ser recusando-se a manter-se escravo de padrões de pensamento antigos.

Torne-se um observador real e pratique prestando atenção em suas reações aos eventos do dia. Sempre que descobrir que está prestes a se manifestar negativamente, diga com firmeza: "Isto não é a Unidade Infinita falando nem agindo." Dessa maneira, você interromperá o pensamento negativo. Em seguida, o Amor Divino, a Luz e a Verdade fluirão em você. Em vez de se identificar com raiva, ressentimento, amargura e ódio, identifique-se imediatamente com paz, harmonia, estabilidade e equilíbrio; com essa atitude, você estará praticando, de fato, a arte da separação. Estará apartando-se do que é velho (seu estado mental presente) e identificando-se com o que é novo (aquilo que você deseja ser).

Você quer ser aquele que está em comunhão com Cristo, o indivíduo Ungido, o Iluminado, o Homem-Deus – quem não quer? Para se tornar o ideal, você deve identificar-se com todos os atributos e qualidades que deseja manifestar.

Lembre-se desta grande verdade: você não tem de concordar com reações e pensamentos negativos nem acreditar neles ou admiti-los. Comece a recusar-se categoricamente a reagir de modo mecânico, como fazia antes. Reaja e pense de um jeito novo. Você quer ser pacífico, feliz, radiante, saudável, próspero e inspirado; portanto, deste momento em diante, pare de se identificar com pensamentos negativos, que tendem a enfraquecê-lo.

Muitas mulheres perguntam: "Como posso mudar meu marido?" Outra observação comum é: "Adoraria mudar fulana lá do trabalho. Ela é a causa de todos os problemas." Muitos já ouviram esta frase metafísica: "Veja o Cristo no próximo, e tudo ficará bem." No entanto, a maior parte das pessoas não sabe exatamente o que isso significa. Isso quer dizer, realmente, tornar-se consciente da Presença de Deus no próximo e compreender que Ele está se manifestando por meio dos pensamentos, das palavras e dos atos daquela pessoa. Ver o Cristo no próximo significa saber e aceitar essas verdades e acreditar nelas.

Não existe nenhum problema nos relacionamentos humanos que não possamos resolver de maneira harmoniosa e em benefício de todos os envolvidos. Quando você diz que um colega de trabalho é alguém muito difícil de lidar, que é intratável, mesquinho e colérico, percebe que, com toda a probabilidade, essa pessoa está refletindo os estados mentais que você tem dentro de si. Semelhantes se atraem; cada ovelha com sua parelha. Não é possível que a atitude rabugenta, petulante e crítica desse colega seja um reflexo de suas próprias frustrações interiores e de sua raiva reprimida? O que essa pessoa diz ou faz não pode realmente magoar você, a não ser que você permita isso. A única maneira que ela tem de aborrecê-lo é por meio de seus próprios pensamentos.

Por exemplo, se você ficou com raiva, teve de passar por quatro estágios em sua mente. Começou a pensar no que a pessoa disse, decidiu ficar com raiva, gerou um humor de ira e, depois, resolveu agir – talvez tenha falado e respondido à altura. Observe que o pensamento, a emoção, a ação e a reação, tudo isso ocorreu em sua mente.

Você é a causa de sua própria raiva. Se alguém o chamou de tolo, por que você deveria se aborrecer? Você sabe que não é tolo. A outra pessoa está, com certeza, muito perturbada mentalmente; talvez tenha perdido o filho durante a noite ou esteja doente psicologicamente. Tenha compaixão por ela em vez de condená-la. Compreenda que a Paz de Deus enche sua mente e que o Amor de Deus flui por ela; dessa maneira, você estará praticando a Regra de Ouro. Estará se identificando com a lei da bondade, da verdade e da beleza, e não com a raiva e o ódio.

Você condenaria uma pessoa que teve tuberculose? Não, não condenaria. Com toda a probabilidade, se ela lhe contasse isso, você se conscientizaria da Presença de Deus, da harmonia e da perfeição onde existe o problema – isso seria compaixão. A *compaixão* é a Sabedoria de Deus operando na mente humana, manifestada quando perdoamos todas as pessoas e vemos Deus nelas.

Uma pessoa cheia de ódio, rancorosa, invejosa, ciumenta e que diz coisas mesquinhas, detestáveis e escandalosas está muito doente psicologicamente. Ela está tão enferma quanto alguém que tem tuberculose. Como você reagirá a ela? Onde está sua verdade? Onde estão sua sabedoria e sua compreensão? Você dirá "Faço parte do rebanho, reajo à altura; respondo com rancor ao rancor, com ódio ao ódio e com raiva à raiva"? Não, você vai afirmar: "Esta não é a Unidade Infinita agindo por meu intermédio. Deus vê apenas perfeição, beleza e harmonia. Portanto, vejo como Deus vê." Diz Habacuque 1:13: "Tu que és tão puro de olhos que não podes ver o mal, e a opressão não podes contemplar." Veja todos os homens e mulheres como Deus os vê. Quando nossos olhos estão identificados com a beleza, não contemplamos a imagem distorcida.

Informações ou notícias são constantemente levadas à sua atenção ao longo do dia por meio dos cinco sentidos. É você quem determina que respostas mentais lhes dará. Pode permanecer equilibrado, sereno e calmo ou ter uma explosão de raiva e, como resultado, sofrer um ataque de enxaqueca ou sentir outro tipo de dor.

O motivo de duas pessoas reagirem de modo diferente à mesma situação baseia-se em seu condicionamento subconsciente. A personalidade fundamenta-se na soma total de nossas opiniões, crenças, educação e primeiras doutrinações religiosas. Essa atitude interior da mente condiciona nossa resposta.

Um homem tem uma explosão de raiva quando ouve determinado programa religioso, mas seu irmão pode gostar, porque um deles é preconceituoso, e o outro, não. As convicções subconscientes e o condicionamento ditam e controlam nossos atos. Você pode recondicionar sua mente identificando-se com as verdades eternas. Comece agora enchendo a mente com os conceitos de paz, alegria, amor, bom humor, felicidade e boa vontade. Ocupe-a com essas ideias; enquanto faz isso, elas vão penetrar no nível subconsciente e se tornar orquídeas no jardim de Deus.

Não importa onde está o problema, quão grave ele é ou quão difícil é uma pessoa, pois, em última análise, não há ninguém a ser mudado, a não ser você! Quando você mudar, seu mundo e seu ambiente mudarão. Comece pelo número um: *você*!

Não vivemos com pessoas, e sim com o conceito que temos delas. Como você está reagindo a José, que se encontra próximo a você no banco? O rapaz que trabalha perto de José gosta dele, a esposa o ama e os filhos o acham maravilhoso. Talvez, membros do clube que ele frequenta considerem-no generoso, gentil e cooperativo. Você pensa nele como alguém mesquinho e insignificante? Tem ressentimento dele? Quem é esse camarada? Ele é o conceito que *você tem* dele ou todas as outras pessoas estão erradas? Não seria sábio olhar dentro de si mesmo e determinar o que existe em você que está fazendo com que ele lhe seja desagradável ou um obstáculo em seu caminho? Tenho certeza de que encontrará a resposta em seu íntimo.

Talvez você diga para seu filho ou seu pai quando está em casa: "Aquele José me deixa fulo da vida. Ele me irrita além da conta." Você fica tão aborrecido que nem consegue digerir direito o jantar. Segundo sua descrição, ele é insuportável.

Onde estava José enquanto você dizia todas essas coisas? Talvez na ópera com a família. Ou pescando em um riacho e se divertindo à beça. Na verdade, se alguém perguntasse a você "Onde está José agora?"

você responderia: "Não sei." Seja honesto consigo mesmo e admita que ele está em sua mente como um pensamento, um conceito ou uma imagem mental. Você está revelando a si mesmo seu estado mental perturbado.

Com certeza, José não é culpado de sua raiva, tensão ou desconforto estomacal. No fundo do coração, que é o lugar que importa, você sabe que é responsável por seus próprios pensamentos sobre José. A origem do seu problema é sua reação negativa e hostil em relação a ele. Você é a causa do seu estado negativo. Pergunte a si mesmo: "Quem está pensando nessas coisas e quem as está sentindo?" Você está!

Quimby costumava dizer que a sugestão que damos a outra pessoa deve ser aquela que damos a nós mesmos. Agora você consegue ver quanto isso é verdadeiro. De fato, essa é a base da Regra de Ouro. Nunca sugira a alguém nem pense de alguém aquilo que você não gostaria que uma pessoa lhe sugerisse, ou pensasse, ou sentisse a seu respeito.

Observe sua conversa oculta consigo mesmo. Como você se encontra com pessoas em sua mente quando elas estão a quilômetros de distância? Você pode ser bacana à vista delas, mas o modo como pensa a seu respeito é o que importa. Se você é negativo, está envenenando a si mesmo. Faz sentido ir à farmácia da esquina e dizer: "Não gosto daquele José, dê-me um veneno. Quero tomá-lo em pequenas doses várias vezes ao dia." Você está respondendo agora: "Ah, isso é absurdo!" No entanto, é isso que você faz quando está ressentido com as pessoas ou as hostiliza. Você está realmente tomando veneno mental, que lhe drena a vitalidade, destrói seu entusiasmo e debilita todo o seu organismo.

Há venenos mentais corrosivos, assim como há venenos físicos corrosivos – e são igualmente destrutivos. Se você se encontra perturbado, agitado, com raiva do modo como alguém agiu em relação a você, isso significa que há um padrão de pensamento muito negativo em sua consciência que deve ser curado imediatamente.

Fique atento para não ser uma daquelas pessoas que fornecem todas as razões para explicar por que estão com raiva. Pare de dar desculpas; interrompa as justificativas pessoais. Como você pode se justificar por ter ódio ou ressentimento de alguém? Você tem licença especial para isso? Se tem, quem lhe deu essa autoridade? Caso esteja nervoso por causa de alguém, você é responsável por sua infelicidade.

Não macule o templo do Deus Vivo. A mente deve ser uma casa de oração – não a torne um covil de ladrões. Os ladrões que lhe roubam paz, alegria, saúde e felicidade são: inveja, ciúme, ódio, ressentimento e raiva. Recuse-se a abrigar esses bandidos e assassinos.

Você não tem de percorrer as favelas e corredores sombrios da mente e se associar a ladrões e malfeitores. Desça às belas ruas iluminadas de sua mente. Jesus, ou a Verdade, está sempre andando por elas e dizendo: "Venha para Deus e encontre paz, descanso, alegria, vida longa e felicidade." Assim que se identifica com essas verdades de Deus, você encontra seu salvador. Torna-se aquilo com que se identifica. Transfigura-se na imagem daquilo que contempla e sente como verdadeiro.

Quando você for para o trabalho amanhã e encontrar aquele colega que o irrita além da conta, aquiete a mente e diga: "Ele é filho de Deus, e o Amor de Deus flui por ele. Vejo nele o Cristo, ou a Presença de Deus. Vejo-o sob os olhos de Deus, e ele é perfeito, amoroso, pacífico e cooperativo." Repita isso baixinho para si mesmo algumas vezes e vá cuidar de suas tarefas. Não se preocupe em esperar por resultados. Você sabe que eles se seguem à mudança de sua atitude mental.

Se o velho e malicioso pensamento de ressentimento ou raiva surgir ao longo do dia, diga a si mesmo baixinho e de forma amorosa e positiva: "O que é a verdade de Deus é a verdade dessa pessoa. Vejo-a como Deus a vê. É maravilhoso contemplar Deus em ação em mim e nele também." Agora você está observando a si mesmo, porque se recusa a render-se ao pensamento maligno; está se identificando com Deus, ou unicamente com o Bem. A cura completa se estabelecerá à medida que você persistir na nova maneira de pensar e reagir. Você está, como a Bíblia diz, transformado pela renovação da mente. Sua reação mental e emocional em relação às outras pessoas foi modificada, e o resultado é que você tem o domínio de si mesmo.

Agora você pode determinar como os pensamentos e as emoções devem ser direcionados. Você é agora o rei do seu lar (mente). Pensamentos, ideias e sentimentos são seus servos. Você dá o comando, e a missão deles é obedecer. Você está aqui para controlar, e não para ser controlado por emoções coléricas e selvagens.

A partir de agora, quando perguntar a si mesmo "Quem é o pensador em mim?", a resposta deve ser: "Eu sou!"

Quando estiver pensando em coisas verdadeiras, honestas, justas, amorosas e de bom conceito, você estará realmente pensando. Caso se veja pensando de forma negativa, trata-se da mente mundana em ação em seu interior, e dessa maneira você terá perdido o controle.

Na próxima vez em que estiver para se ressentir de alguém ou quando disser que não consegue se entender com determinada pessoa, afirme para si mesmo: "Quando olho nos olhos dessa pessoa, estou olhando para a face de Deus. Ela é a encarnação de Deus caminhando sobre a terra. Vejo Deus nela, e está tudo bem."

> Aquilo que vês, homem,
> Torna-se aquilo a que te obrigas.
> Se Deus, vês Deus,
> Se pó, vês pó.

7
Como controlar as emoções

Os antigos gregos diziam: "Conhece-te a ti mesmo."[1] Ao estudar a si mesmo, você descobre que, aparentemente, é constituído de quatro partes: corpo físico, natureza emocional, intelecto e Essência Espiritual, que é chamada de Presença de Deus. O EU SOU em seu interior, a Presença Divina, é sua Identidade Real que é Eterna.

Você está no mundo para se disciplinar, de modo que suas naturezas intelectual, emocional e física sejam completamente espiritualizadas. Essas quatro fases da natureza humana são chamadas de os quatro seres viventes do Apocalipse (A *revelação de São João* significa Deus revelando-se como homem).

O verdadeiro caminho para se disciplinar e refrear a natureza intelectual e emocional é a Prática da Presença de Deus durante todo o dia.

Temos um corpo, e ele é a sombra ou o reflexo da mente. Por si só, o corpo não tem poder, iniciativa nem vontade. Não possui inteligência própria, é inteiramente submetido aos nossos comandos ou decisões. Considere-o um grande disco no qual gravamos nossas emoções e crenças. Por ser um disco, ele registra fielmente todos os nossos conceitos emocionais e nunca se desvia deles. Portanto, você pode fazê-lo gravar uma melodia de amor e beleza ou uma canção de dor e sofrimento. Ressentimento, ciúme, ódio, raiva e melancolia expressam-se no corpo na forma de diversas doenças. Aprendendo a controlar sua natureza mental e emocional, você se torna um canal para o Divino e liberta o esplendor que está aprisionado em seu íntimo.

Por um instante, pense nisto: nem com todo o dinheiro do mundo você conseguiria comprar um corpo saudável, mas você pode ter saúde por meio das riquezas da mente, como pensamentos de paz, harmonia e saúde perfeita.

Vamos nos concentrar na natureza emocional do ser humano. Se você quer crescer espiritualmente, é imprescindível que controle as emoções. Somos considerados adultos ou maduros emocionalmente quando dominamos os sentimentos. Se não conseguimos disciplinar ou refrear as emoções, somos considerados crianças, embora possamos ter 50 anos de idade.

Observe que o maior de todos os tiranos é uma ideia falsa que controla a mente humana, mantendo-a em cativeiro. O conceito que você tem de si mesmo e dos outros induz emoções definidas. Sob o aspecto psicológico, as emoções o compelem para o bem ou para o mal. Se você está muito ressentido com alguém ou se está possuído por um rancor, essa emoção exercerá uma influência maligna e governará suas ações de um modo que você pode não desejar. Quando quiser ser amistoso e cordial, você será desagradável, cínico e amargo. Embora queira ser saudável, bem-sucedido e próspero na vida, verá tudo dar errado. Quem está lendo este livro sabe que possui a capacidade de escolher para si mesmo um conceito de paz e boa vontade. Aceite a ideia da paz em sua mente e deixe-a governá-lo, controlá-lo e guiá-lo.

Quimby ressaltou que as ideias são nossos mestres e que nós somos escravos daquelas que nutrimos. C conceito de paz com que você vive agora induzirá os sentimentos de paz e harmonia. Seu sentimento é o espírito de Deus operando no nível humano. Esses sentimentos de paz e boa vontade o compelirão à ação correta. Agora você está sendo governando pelas Ideias Divinas, que ficam aos cuidados do Espírito Santo.

A emoção descontrolada e indisciplinada é destrutiva. Por exemplo, se você possui um automóvel muito potente, ele lhe permitirá atravessar uma área extremamente difícil ou chegar ao topo de uma montanha. No entanto, você deve controlá-lo. Se não souber dirigir, poderá bater em um poste ou em outro veículo. Caso pise no acelerador e não no freio, o carro pode ser destruído.

É maravilhoso ter uma natureza forte, emocional, desde que você seja seu mestre. As emoções o controlam quando você se permite ficar com raiva por causa de bobagens ou agitado por praticamente nada. Se você fica nervoso com o que lê nos jornais, não está controlando as emoções. É preciso que aprenda a misturar o intelecto e as emoções harmoniosamente.

O intelecto humano tem seu próprio papel, mas deve ser ungido ou iluminado com a Sabedoria de Deus.

Existem muitas pessoas que estão sempre tentando atribuir um conceito intelectual a Deus. Não se pode definir o Infinito. Spinoza[2] disse que definir Deus é negá-lo. Você já deve ter conhecido alguém altamente intelectualizado que diz que o ser humano não sobrevive à morte porque não leva o cérebro com ele. De algum modo, essa pessoa é tão esperta que acredita realmente que o cérebro pensa por si mesmo. Alguém assim olha para tudo de um ponto de vista tridimensional, que é onde o intelecto acaba.

O intelecto, como eu disse, tem seu próprio papel – por exemplo, em nosso trabalho diário e em todos os tipos de ciência, arte e setor de atividade. No entanto, à medida que nos aproximamos do Espírito Vivo Todo-Poderoso em nosso interior, somos compelidos a deixar o mundo do intelecto e ir além, ao reino dos valores espirituais, que é a perfeição, e onde a dimensão é infinita.

Quando o intelecto humano está misturado com emoções de amor, paz e boa vontade, não se usam explosivos nem conhecimentos químicos para se destruir a humanidade. O que leva o ser humano a utilizar a bomba atômica, submarinos e outros artefatos de guerra para destruir seus semelhantes é o fato de sua consciência e seu conhecimento espiritual estarem muito atrasados em relação às conquistas intelectuais.

Vamos ver como as emoções são geradas. Suponha que você está observando um deficiente físico; talvez sinta pena dele. Por outro lado, você pode olhar para seu jovem e belo filho e sentir uma emoção de amor jorrando em seu íntimo. Você sabe que não consegue imaginar uma emoção; porém, se pensar em um episódio ou evento desagradável do passado, é capaz de induzir a emoção correspondente. Lembre-se de que é importante nutrir o pensamento antes de induzir uma emoção.

A emoção é sempre a expressão de uma ideia que está na mente. Já notou o efeito do medo sobre o rosto, os olhos, o coração e outros órgãos? Conhecemos os efeitos que uma notícia ruim e a aflição têm sobre o sistema digestivo. Observe a mudança que ocorre em seguida quando descobrimos que aquele medo é infundado.

Todas as emoções negativas são destrutivas e drenam as forças vitais do corpo. Uma pessoa que está sempre preocupada costuma sofrer de problemas digestivos. Quando algo muito agradável lhe acontece, sua digestão volta ao normal porque a circulação apropriada é restaurada e não há mais interferência nas secreções gástricas.

Não é por meio da repressão e da supressão que conseguimos superar e disciplinar as emoções. Quando reprimimos uma emoção, a energia se acumula no subconsciente e permanece ali, rosnando. De modo similar, à medida que a pressão aumenta em uma caldeira, se todas as válvulas estiverem fechadas e o calor do fogo se intensificar, acabará ocorrendo uma explosão.

Atualmente, a medicina psicossomática está descobrindo que muitos problemas de saúde, entre os quais artrite, asma, comprometimentos cardíacos e até fracassos pessoais, podem ser decorrentes de emoções suprimidas ou reprimidas em situações que talvez tenham acontecido no início da vida ou na infância.

As emoções suprimidas ou reprimidas erguem-se como fantasmas para nos assombrar mais tarde. Existe um modo espiritual e psicológico de banir esses fantasmas que andam pelas galerias sombrias da mente. A maneira ideal é a lei da substituição. Por meio da lei da substituição mental, trocamos um pensamento negativo por outro, positivo e construtivo. Quando pensamentos negativos penetrarem em sua mente, não os combata. Apenas pense em Deus e em Seu Amor. Você verá que eles vão desaparecer. "Eu, porém, vos digo que não resistais ao mal" (Mateus 5:39). Se uma pessoa está temerosa, as emoções positivas de fé e confiança destruirão completamente aquele sentimento de medo.

Se você deseja sinceramente governar as emoções, deve manter o controle dos pensamentos. Assumindo seu comando, pode substituir o medo pelo amor. No instante em que sentir o estímulo de uma emoção negativa, suplante-o com a disposição do amor e da boa vontade. Em vez de dar espaço ao medo, diga: "Aquele que está com Deus está em maioria." Encha a mente com conceitos de paz, amor e fé em Deus, e assim os pensamentos negativos não conseguirão entrar.

É muito mais fácil cremar, queimar e destruir pensamentos negativos no instante em que eles entram na mente do que experimentá-los e expulsá-los depois que já se apoderaram da mente. Recuse-se a ser uma vítima de emoções negativas assumindo o controle de seu raciocínio e de seus pensamentos sobre Deus e Seus Atributos. Você pode ser o mestre de todas as emoções e condições. "Melhor é o que tarda em irar-se do que o poderoso, e o que controla o seu ânimo do que aquele que toma uma cidade" (Provérbios 16:32).

O *Apocalipse* lida com o controle da vida intelectual e emocional do ser humano. Em 4:6-8, é dito: "E havia diante do trono como que um mar de vidro, semelhante ao cristal. E no meio do trono, e ao redor do trono, quatro animais cheios de olhos, por diante e por detrás."

"E o primeiro animal era semelhante a um leão, o segundo animal semelhante a um bezerro, e tinha o terceiro o rosto como de homem, e o quarto era semelhante a uma águia voando.

"E os quatro animais tinham, cada um, seis asas, e ao redor, e por dentro, estavam cheios de olhos; e não descansam nem de dia nem de noite, dizendo: Santo, Santo, Santo, é o Senhor Deus, o Todo-Poderoso, que era, que é, e que há de vir."

O *mar límpido como cristal diante do trono* significa a paz interior de Deus, pois Deus é paz. Bem no fundo do centro de seu ser, a Unidade Infinita se estende em repouso, sorrindo. Ela é a Presença Viva de Deus em seu interior. Você está de pé diante desse trono. O *trono* é um símbolo de autoridade. A convicção emocional de uma profunda e permanente fé no Poder Divino é sua autoridade na consciência. Em termos simples: sua convicção interior é seu trono no paraíso, pois nela reside seu poder. "Seja-vos feito segundo a vossa fé" (Mateus 9:29). A *fé* é uma atitude emocional, positiva, pois você sabe que o bem que procura é seu agora.

Os *quatro animais sempre diante do trono* são as quatro fases de seu ser: espiritual, mental, emocional e física. Para fazer com que sua natureza emocional adquira uma base espiritual, é necessário entender esses quatro animais. Fazendo isso, você aprende a arte suave da prece científica, que, em última análise, é a resposta a todos os problemas. Estude essas quatro potências da consciência.

O *leão* é o rei da floresta. Ele significa Deus, sua condição de EU SOU.

O *touro* corresponde ao animal de carga. A carga é seu desejo. É o trabalho que você realiza na imaginação para tornar o desejo uma parte da consciência.

Aquário (o homem) é o carregador de água, e isso significa meditação. A palavra *meditação* quer dizer nutrir-se de Deus ou de seu bem, banquetear-se em seu ideal. Você derrama água sobre seu ideal, isto é, concentra-se nele e inunda-o de amor, que é a água da vida. Algo acontece enquanto você se banqueteia mentalmente em seu ideal. Você gera uma emoção, que é o Espírito de Deus agindo em seu favor. Sua emoção é o Espírito Santo atuando nos níveis humanos. Deus é um Poder recíproco, reativo, dentro de você. A emoção responde de acordo com a natureza da ideia. À medida que você lhe confere emoção, ela penetra na mente subconsciente como uma impressão, e isso se chama *Águia*, ou *Escorpião*, que significa a impregnação Divina. Esses são os quatro estágios do desenrolar ou da manifestação de um ideal, ou desejo. O que quer que seja impresso é expresso.

Os quatro seres viventes tinham cada um seis asas. *Essas asas* são uma referência ao ato mental criativo. Quando ideia e sentimento se misturam em harmonia e fé, ocorre uma cerimônia de casamento na mente. O conhecimento desse ato mental criativo dá asas a você, faz com que se torne capaz de planar no alto, acima das tempestades e lutas do mundo, e de encontrar paz e força em sua própria mente.

Deixe-me ilustrar com um exemplo a história da criação mental e espiritual. No nome Jeová está oculta a maneira perfeita de orar cientificamente, mantendo, desse modo, todas as emoções discordantes sob controle científico. Jeová, ou Yod-He-Vau-He, compõe-se de quatro letras. *Yod* significa Deus, ou EU SOU; *He* significa desejo, ou ideia; *Vau* é sentimento, ou convicção; e a última, *He*, é a manifestação do que sentimos como verdadeiro em nosso interior. A terceira letra – *Vau* – é considerada a mais importante de todas. Ela nos permite sentir que somos aquilo que desejamos ser. Entre no clima de que agora você é o que quer ser; essa disposição vai se consolidar em seu interior e você experimentará a alegria da prece atendida. A palavra *Vau* também significa prego. Pregar seu desejo é fixá-lo na consciência, de modo que você se sinta em paz em relação a ele.

Lembre-se de que você não tem de viver em um mundo de doença e confusão criado por seus próprios erros ou por sua ignorância. Você possui o poder e a capacidade de imaginar e sentir que é aquilo que deseja ser. Ao aceitar mentalmente seu desejo – que agora você é o que almeja ser –, terá completado, por meio da absorção mental, o nome, ou o caminho criativo de Deus, como representado em *Yod-He-Vau-He*. Em outras palavras, terá concluído o processo criativo em sua mente, como destacado por Troward em *Bible Mystery and Bible Meaning*.[3] Saber rezar cientificamente é ser capaz de controlar as emoções. Como diz Tennyson: "Mai coisas se realizam por meio da oração do que sonha este mundo."[4]

Relatos de casos

Caso 1

Vou contar algumas histórias. Um soldado que havia regressado da Coreia me disse que quando se sentia tomado pelo medo, ele repetia diversas vezes para si mesmo esta frase: "O Amor de Deus me cerca e segue na minha frente." Essa afirmação lhe imprimia na mente os sentimentos de amor e fé. Essa disposição amorosa suplantava o medo: "O perfeito Amor lança fora o temor" (1 João 4:18). Essa conduta é a resposta ao processo de libertação do medo.

Caso 2

Uma mãe que havia perdido o único filho estava arrasada pela dor. O pesar estava afetando sua visão, e ela sofria com enxaquecas. Essa mulher se encontrava em depressão profunda. Sugeri-lhe que fosse a um hospital e oferecesse seus serviços na ala infantil. Ela já havia sido enfermeira. Ao dedicar seu tempo a um hospital local, a mulher começou a cobrir as crianças de amor. Ela as afagava, mimava e alimentava. O amor já não estava mais represado em seu íntimo. Ela se tornou um canal para o Divino e começou a liberar a luz do Amor de Deus. Praticou a sublimação, que foi um redirecionamento da energia estagnada na sua mente subconsciente. Desse modo, drenou os bolsões de veneno da mente subconsciente.

Caso 3

Uma mulher que frequenta nossas reuniões me disse que estava acostumada a sentir raiva e ter ataques de fúria por causa da ação de vizinhos. Em vez de empurrar a raiva e o ódio para o subconsciente, deixando com isso que esses sentimentos a afetassem mental e fisicamente, ela os transformava em energia muscular pegando um balde d'água e lavando as janelas ou o chão. Algumas vezes, começa a cavar no jardim, dizendo para si mesma em voz alta: "Estou cavando no jardim de Deus e plantando Suas ideias." Ela fazia isso por 15 minutos a cada vez. Quando estava lavando as janelas, falava em voz alta: "Estou purificando minha mente com as águas do amor e da vida."

Todos os casos que citei são exemplos de métodos simples de descarregarmos fisicamente as emoções negativas.

8
Mudando a percepção de si mesmo

Se você disser "eu" junto com todas as coisas que pensar, sentir ou imaginar, não conseguirá transformar sua vida emocional. Lembre-se de que pensamentos de todos os tipos podem penetrar na mente; todas as espécies de emoções conseguem entrar no coração. Caso você diga "eu" junto com pensamentos negativos, estará se identificando com eles e não conseguirá se separar interiormente. Você pode se recusar a associar-se a tais emoções e pensamentos.

Quando andamos pelas ruas, temos o costume de evitar lugares lamacentos. Da mesma forma, você deve passar ao largo dos locais enlameados de sua mente, onde o medo, o ressentimento, a hostilidade e a má vontade espreitam e atuam. Recuse-se a ouvir comentários negativos. Não toque nos estados de humor negativos nem deixe que o toquem. Pratique a separação interior adquirindo uma nova percepção de si mesmo e do que você é de verdade. Comece a compreender que o "eu" real em você é o Espírito Infinito, a Unidade Infinita. Passe a se identificar com as Qualidades e os Atributos da Unidade Infinita; depois, toda a sua vida será transformada.

O grande segredo para mudar sua natureza emocional negativa é praticar a auto-observação. Observar e *observar-se* são duas coisas diferentes. No caso de "Você observa...", o sentido é de que a pessoa está com a atenção voltada para coisas exteriores. Na auto-observação, sua atenção está dirigida para seu interior.

Podemos passar toda a vida estudando o átomo, as estrelas, o corpo e o mundo do fenomenismo – isto é, o conhecimento do mundo exterior. Esse conhecimento é incapaz de produzir uma mudança interior. As auto-observações são o caminho para a transformação em nosso íntimo – a mudança do coração.

Aprenda a diferenciar, a distinguir, a separar o joio do trigo. A prática da arte da auto-observação se inicia quando você começa a se perguntar: "Essa ideia é verdadeira? Ela vai me abençoar, me curar e me inspirar? Vai me dar paz de espírito e contribuir para o bem-estar da humanidade?"

Você vive em dois mundos: o exterior e o interior; no entanto, eles são um só. Um deles é visível, enquanto o outro é invisível (subjetivo e objetivo). O mundo exterior penetra pelos cinco sentidos e é compartilhado por todas as pessoas. O mundo interior de pensamentos, sentimentos, sensações, crenças e reações é invisível e lhe pertence.

Pergunte a si mesmo: "Em que mundo vivo? Naquele revelado pelos cinco sentidos ou no mundo interior?" É nesse mundo interior que você vive durante todo o tempo. É onde você sente e sofre.

Suponha que você seja convidado para um jantar. Tudo o que você vê, ouve, experimenta, cheira e toca pertence ao mundo exterior. Tudo o que você pensa, sente, gosta e não gosta faz parte do mundo interior. Você participa de dois jantares registrando-os de formas diferentes, ou seja, um no exterior, e o outro no interior. É no mundo interior do pensamento, do sentimento e da emoção que você se levanta, cai e balança de um lado para outro.

Para se transformar, comece a mudar o mundo interior por meio da purificação das emoções e do comando correto da mente através do pensamento correto. Se você quer crescer espiritualmente, precisa se transformar.

Transformação significa a conversão de uma coisa em outra. Existem muitas transformações importantes conhecidas. Através de um processo de destilação, o açúcar se torna álcool; o rádio se converte lentamente em chumbo etc. O alimento que ingerimos é transformado, etapa a etapa, em todas as substâncias necessárias à nossa existência.

As experiências, que nos chegam como impressões, devem ser igualmente transformadas. Suponhamos que você veja uma pessoa que ama e admira; você recebe impressões dela. Por outro lado, imagine que encontra alguém por quem sente antipatia; você recebe impressões dessa pessoa também.

Seu cônjuge ou filho, que podem estar sentados no sofá enquanto você lê isto, são para você aquilo que você concebe a respeito deles. Em outras palavras, as impressões são recebidas pela mente. Se sofresse de surdez, você não ouviria a voz deles. Você pode mudar a impressão que tem das pessoas. Transformar as impressões é mudar a si mesmo. É modificar sua vida, suas reações à vida. Suas reações são estereotipadas? Se elas são negativas, assim é sua vida. Não permita que sua vida seja uma série de respostas negativas às impressões que lhe chegam todos os dias.

Para que você possa realmente se observar, entenda que, apesar do que acontece, seu pensamento e sentimento devem estar fixados nesta grande verdade: "Como é estar em Deus e no Céu?" Isso o erguerá e transformará todas as suas emoções e pensamentos negativos. Você talvez tenda a dizer que a culpa é de outras pessoas por causa da maneira como elas falam ou agem. No entanto, se o que elas dizem ou fazem deixam-no com um ânimo negativo, você está perturbado interiormente; e é nesse estado negativo que agora vive, age e mantém seu ser.

Você não pode se dar ao luxo de ser negativo, pois isso esgota a vitalidade, rouba o entusiasmo e o deixa mental e fisicamente doente. Você vive no lugar onde está agora? Ou vive em seus pensamentos, sentimentos, emoções, esperanças e desespero? Não é o que você está sentindo sobre seu ambiente agor que é real para você? Quando você diz que se chama João da Silva, o que isso significa? Não é verdade que você é um produto do seu pensamento e também dos costumes, das tradições e da influência daqueles que estiveram ao seu lado durante seu crescimento? Você é a soma total de suas crenças e opiniões e também do que recebeu de sua criação, do condicionamento estabelecido pelo ambiente e de outras incontáveis influências que atuam a partir do mundo exterior e penetram através de seus sentidos.

Talvez neste momento você esteja se comparando com outras pessoas. Sente-se inferior na presença de alguém que parece mais notável do que você? Suponha que você seja um grande pianista – quando alguém elogia outro pianista, você se sente diminuído? Se você tiver a verdadeira percepção de si mesmo, isso não será possível, uma vez que ela é aquela da Presença da Unidade Infinita em você, na Qual não há comparações.

Ouspensky[1] costumava destacar que as pessoas se aborrecem facilmente porque a percepção que têm se si mesmas resulta de estados de consciência negativos. A percepção "de si mesmo" era uma de suas expressões favoritas e algumas de suas ideias estão expressas neste capítulo.

Certa ocasião, perguntei a um homem durante uma aula sobre a Bíblia:

– Você já observou suas reações típicas a pessoas, artigos de jornal e comentaristas de programas jornalísticos? Já notou seu comportamento-padrão estereotipado?

– Não, não percebi essas coisas – ele respondeu.

Aquele homem se considerava certo e não estava crescendo espiritualmente. Ele começou a pensar em suas reações. Depois, admitiu que muitos dos artigos e dos comentaristas o irritavam imensamente. Ele reagia de modo automático e não estava se disciplinando. Não fazia nenhuma diferença se todos os articulistas e comentaristas estivessem errados e apenas ele tivesse razão – a emoção negativa que surgia nele era destrutiva, pois mostrava falta de controle mental e espiritual.

Quando você diz "Eu penso que isto...", "Eu não acho que isto...", "Eu me ressinto de..." ou "Eu não gosto de...", que "eu" está falando? Não é um "eu" diferente se manifestando a cada instante? Cada um deles é completamente diferente do outro. Um deles critica em determinado momento. Poucos minutos depois, outro "eu" fala ternamente. Observe seus diferentes "eus", aprenda sobre eles e saiba em seu íntimo que alguns deles nunca dominarão, controlarão nem direcionarão seu pensamento.

Dê uma boa olhada nos "eus" aos quais você está se unindo. Com que tipo de pessoa você se associa? Refiro-me àquelas que habitam sua mente. Lembre-se de que a mente é uma cidade, onde moram pensamentos, ideias, sentimentos, sensações e crenças. Alguns dos lugares ali são favelas e ruas perigosas. No entanto, Jesus (seu salvador) está sempre percorrendo as ruas de sua mente na forma do seu ideal, do seu desejo e do seu objetivo na vida.

Um dos significados de Jesus é ser seu desejo, pois este, quando realizado, é seu salvador. Os objetivos e metas que você tem na vida estão agora lhe acenando, então vá atrás deles. Dê atenção ao seu desejo; em outras palavras, assuma um interesse vívido por ele. Ande pelas ruas do amor, da paz, da alegria e da boa vontade em sua mente; você encontrará pessoas maravilhosas no caminho. Descobrirá ruas lindamente iluminadas e cidadãos admiráveis nos melhores locais de sua mente.

Nunca permita que sua casa – sua mente – fique cheia de servos que não lhe obedecem. Quando você era jovem, foi ensinado a não andar com quem sua mãe chamava de "má companhia". Agora que está começando a despertar para seus poderes interiores, faça questão de não andar com os "eus" (pensamentos) errados.

Tive uma conversa interessante com um rapaz que estudava controle mental na França. Seu método, como ele disse, era tirar "fotografias mentais" de si mesmo de tempos em tempos. Ele se sentava e pensava em seus humores, emoções, pensamentos, sensações, reações e tons de voz. Depois, dizia: "Esses não são de Deus, são falsos. Voltarei para Deus e pensarei com base naquele Padrão ou Rocha da Verdade." Ele praticava a arte da separação interior. Quando estava com raiva, parava e dizia: "Esta não é a Unidade Infinita; não é o "eu" real falando, pensando ou agindo – é o falso 'eu' em mim."

Volte para Deus, como fez esse rapaz. Toda vez que estiver inclinado a se sentir enraivecido, crítico deprimido ou irritado, pense em Deus e no Céu e pergunte a si mesmo: "Como é estar em Deus e no Céu?" *Aí* está a resposta para se tornar uma nova pessoa. É assim que você renasce espiritualmente ou vivencia o que se chama de segundo nascimento. (*O segundo nascimento* é disciplina interior e compreensão espiritual.)

O santo e o pecador estão em todos nós, da mesma forma como estão o assassino e o homem sagrado, Deus e o pensamento mundano. Todo ser humano quer fundamentalmente ser bom, expressar o bem e fazer o bem. Isso é "o positivo" em nós. Se você já cometeu atos destrutivos – por exemplo, se roubou, enganou e fraudou outras pessoas e elas o condenam e têm uma imagem ruim a seu respeito, você pode sair do bairro miserável de sua mente e ir para aquele lugar em sua consciência onde para de se condenar; dessa forma, todos os seus acusadores também rerearão a língua. Quando você deixar de se culpar, o mundo não mais o acusará. Esse é o poder da sua própria consciência – Isso é Deus em você.

É bobagem condenar a si mesmo; você não tem de fazer isso. Não adianta nada nutrir pensamentos de autoacusação. Suponha que você tenha cometido injustiças, crimes ou outros atos vis. Não foi o Deus em você que fez essas coisas. Não foi o "eu" real nem a Unidade Infinita, e sim o outro *self* (a mente mundana) em você. É evidente que isso não o exime de sua responsabilidade, não mais do que se você colocasse a mão no fogo e se queimasse ou se avançasse um sinal vermelho e fosse multado por infração de trânsito.

O outro "self" representa os muitos "eus" em você, por exemplo: as diversas ideias e crenças negativas de que há poderes fora da sua própria consciência; a crença de que outras pessoas podem magoá-lo; a ideia de que os elementos são hostis, além de medos, superstições e ignorância de todos os tipos. Por fim, preconceito, temores e ódios o conduzem e o estimulam a fazer aquilo que, de outra forma, você não faria. A maneira ideal de mudar a percepção de si mesmo é afixar ao "eu" verdadeiro em seu interior tudo o que é nobre, maravilhoso e à semelhança de Deus.

Comece a afirmar: "Eu sou forte. Eu sou radiante. Eu sou feliz. Eu sou inspirado. Eu sou iluminado. Eu sou amoroso. Eu sou gentil. Eu sou harmonioso. Sinta esses estados mentais. Afirme-os e acredit neles. Depois, você começará realmente a viver no jardim de Deus. Seja o que for que você afixe ao "EU SOU" e em que acredite, você se tornará. O "EU SOU" em você é Deus, e ali não há outro. O "EU SOU", ou a Vida, a Consciência, o Ser Puro, a Existência, ou seu *Self* Real, é Deus. É a Causa Única. É o Poder Único fazendo tudo no mundo. Honre-O. Viva com o sentimento "EU SOU Cristo" durante todo o dia. *Cristo* significa O Ungido, O Desperto, O Iluminado. Sinta que você é O Ungido e continue a viver nessa disposição mental. Depois, você exteriorizará o Cristo (Sabedoria, Poder e Inteligência de Deus) que há dentro de você e todo o seu mundo será transformado por essa Luz Interior que brilha em sua mente. Toda vez que você sentir "EU SOU o Cristo", "EU SOU Iluminado", "EU SOU Inspirado", estará rezando e qualificando sua consciência com aquilo pelo que estiver orando e com os pensamentos que estiverem em sua mente.

À medida que for mudando a percepção desse "Eu" como sendo você mesmo, como ressaltei, você preencherá os céus da mente com as Verdades Eternas de Deus. "Não temas, porque eu sou contigo; quando passares pelas águas estarei contigo; quando pelos rios, eles não te submergirão; quando passares pelo fogo, não te queimarás" (Isaías 41:10; 43:2). Quem é Esse? É sua própria condição de EU SOU; é a Luz, ou a Consciência, em seu interior, que segue sempre à sua frente aonde quer que você vá. Sua disposição de ânimo ou atitude mental dominante vai à sua frente o tempo todo, criando as experiências que você encontrará.

Não se esqueça de que, quando você reza por algo específico, é necessário qualificar a mente com a consciência ou o *sentimento de ter ou ser aquela coisa*. Rejeite mentalmente, de forma completa, todos os argumentos que são contrários a ela; isso é orar. Para qualificar sua consciência com a coisa pela qual você está rezando, pense nela com interesse. Faça isso com calma e regularmente até que uma convicção se estabeleça em sua consciência. À medida que você for fazendo isso, o problema deixará de aborrecê-lo. Além de seu equilíbrio mental, será mantido este sentimento: "Agora sinto que sou o que desejo ser." E à medida que continuar a sentir isso, você se tornará o que almeja.

Esta é a lei: "Sou aquilo que sinto ser." Pratique a mudança da percepção de si mesmo todos os dias, afirmando: "Sou Espírito. Penso, vejo, sinto e vivo como Espírito, a Presença de Deus." (O outro *self* em você pensa, sente e age como a mente racial.) Continuando a fazer isso, você começará a se sentir em unicidade com Deus. Assim como o sol no céu livra a terra da escuridão e da melancolia, o entendimento da Presença de Deus em você revela quem você sempre desejou ser – a pessoa alegre, radiante, pacífica, próspera e bem-sucedida, cujo intelecto é iluminado pela Luz que vem do alto.

Deus faz com que o sol brilhe sobre todos os seres humanos em todos os lugares. Ninguém pode tirar de você a luz do sol do Amor de Deus. Nenhuma pessoa pode colocá-lo na prisão do medo e da ignorância quando você conhece a Verdade libertadora de Deus.

O sentimento de que o "EU SOU" em você é Deus revela que não há nada a temer e que você está unificado com a Onipotência, Onisciência e Onipresença. Ninguém pode lhe roubar saúde, paz, alegria ou felicidade. Você já não vive com os muitos "eus" do medo, da dúvida e da superstição. Agora você vive na Presença Divina e na consciência da liberdade.

Pergunte a si mesmo: "Quem é esse que assume o controle de mim a todo momento e fala em Seu Nome, chamando-Se de 'Eu'?" Nunca se identifique com essa outra pessoa (medo, preconceito, orgulho, arrogância, condenação etc.). Você agora compreende que não precisa seguir na direção dos "eus" negativos. Nunca mais dirá "sim" a nenhum pensamento destrutivo e sem propósito nem lhe dará sua sanção e assinatura.

Torne-se o observador mantendo os olhos fixos em Deus – o "eu" real –, a Unidade Infinita em você. Sinta a percepção do "eu" no lado que observa, e não naquilo que está sendo observado. Sinta que você está olhando para fora através dos olhos de Deus. Portanto, "Tu és tão puro de olhos que não podes ver o mal, e a opressão não podes contemplar" (Habacuque 1:13).

∽

Notas

Capítulo 1: O cântico do triunfo

1. Trechos bíblicos extraídos de BÍBLIA ONLINE. Tradução João Ferreira de Almeida. www.bibliaonline.com.br.
2. Alfred Tennyson (1809-1892), poeta inglês.
3. TENYSSON, Alfred. *The Holy Grail and Other Poems*. "The Higher Pantheism". Londres: Straham, 1870.
4. O juiz Thomas Troward (1847-1916), de pais ingleses, nascido na Índia, foi um dos precursores da ciência mental e criador de uma parte considerável dos conceitos que compõem a base filosófica do Movimento Novo Pensamento.

Capítulo 2: A prática da Presença de Deus

1. Phineas Parkhurst Quimby (1802-1866). Norte-americano pioneiro das ideias teológicas que deram origem ao Movimento Novo Pensamento, incluindo técnicas da cura mental e espiritual.
2. Extraído de *The Complete Writings of Phineas Parkhurst Quimby*. De Vorso & Co., 1988.
3. RESSURREIÇÃO, Lourenço da. *A experiência mística de Lourenço da Ressurreição*. Rio de Janeiro: Lótus do Saber, 2000.

Capítulo 3: Realizando seu desejo

1. Robert Browning (1812-1889), poeta e dramaturgo inglês.
2. BROWNING, Robert. *Saul*. Montana: Kessinger Publishing, 2004.
3. MURPHY, Joseph. Rio de Janeiro: Nova Era, 2008.
4. SHAKESPEARE, William. *Hamlet*. Virtual Books. Coleção Ridendo Castigat Mores, ato I, cena 3, em: http://virtualbooks.terra.com.br/freebook/shakespeare/hamlet.htm.
5. BAUDOUIN, Charles. *Suggestion and Auto Suggestion*. Montana: Kessinger Publishing, 2005.

Capítulo 7: Como controlar as emoções

1. Bartlett's, "Inscrição no Oráculo de Delfos", de Plutarco, Morals.
2. Baruch Spinoza (1632-1677), filósofo holandês.
3. TROWARD, Thomas. *Bible Mystery and Bible Meaning*. Create Space, 2009.
4. TENYSSON, Alfred. *Poems*. "Morte D'Arthur". Londres: Moxon, 1845.

Capítulo 8: Mudando a percepção de si mesmo

1. Piotr Ouspensky (1878-1947), filósofo e psicólogo russo.

Este livro foi composto na tipologia Minion Pro Regular, em corpo 12,5/19,4 e impresso em papel off-set no Sistema Digital Instant Duplex da Divisão Gráfica da Distribuidora Record.